高等职业教育"十二五"规划教材

汽车专业工作过程导向职业核心课程双证系列教材

人力资源和社会保障部职业技能鉴定中心组编

汽车转向与行驶系统检修一体化项目教程

主　编　曾　文
副主编　雷治亮　廖曙洪
主　审　刘炽平

上海交通大学出版社

内 容 提 要

　　本书是根据汽车维修专业所面向的主要岗位调查,组织召开汽车维修工和汽车维修电工岗位工作任务分析研讨会,选取了汽车转向系统的定期维护、汽车转向工作不良、汽车行驶系统的定期维护和汽车行驶工作不良四个典型学习项目,从中选取诊断与排除汽车液压助力转向沉重故障,诊断与排除汽车转向盘自由行程过大故障,诊断与排除汽车电动助力转向沉重故障等7个典型工作任务构建了"汽车转向与行驶系统的检修"课程。本书重点介绍了汽车转向、行驶系统的结构、工作原理、故障诊断与检修方法。强调按企业实际工作过程来培养学生的转向行驶系统的故障分析、故障诊断与排除等专业能力和职业核心能力。

　　本书可作为高职高专、技工院校、普通院校、远程教育和培训机构的汽车转向与行驶系统的检修教材,也可供广大汽车检修从业人员学习参考和职业鉴定前应试辅导。

　　为了方便教学及学生自学,本书配有多媒体课件,欢迎读者来函来电索取。联系电话:(021)60403030;电子邮箱:shujun2008@gmail.com。

图书在版编目(CIP)数据

汽车转向与行驶系统检修一体化项目教程/曾文主编. —上海:上海交通大学出版社,2012(2013 重印)
　　ISBN 978-7-313-08446-0

Ⅰ. 汽… Ⅱ. 曾… Ⅲ.① 汽车—转向装置—车辆检修—教材 ② 汽车—行驶系—车辆检修—教材
Ⅳ. U472.41

中国版本图书馆 CIP 数据核字(2012)第 087475 号

汽车转向与行驶系统检修一体化项目教程
曾 文 主编

上海交通大学出版社出版发行

(上海市番禺路 951 号　邮政编码 200030)
电话:64071208　出版人:韩建民
常熟市梅李印刷有限公司 印刷　全国新华书店经销
开本:787mm×1092mm 1/16　印张:8　字数:183 千字
2012 年 8 月第 1 版　2013 年 8 月第 2 次印刷
ISBN 978-7-313-08446-0/U　定价:28.00 元

序

随着社会经济的高速发展和现代制造业的不断升级，我国对技能人才地位和作用的认识得到了空前的提高，技能人才的价值越来越得到认可。如何培养符合未来中国经济社会发展需要的技能人才也得到社会的广泛关注。

人力资源和社会保障部职业技能鉴定中心、中国就业培训技术指导中心担负着为我国就业和职业技能培训领域提供技术支持和技术服务的重要任务。在新的形势下，为各类技工院校、职业院校和培训机构提供技能人才培训、培养模式及方法等方面的技术指导尤为重要。在党中央国务院就业培训政策方针指引下，中心结合国情，开拓创新思路，探索培训方式，研究扩大就业，提供技术支持，为国家就业服务和职业培训鉴定事业的发展，提供了强有力的支撑。与此同时，中心不断深化理论研究，注重将理论转化为实践，成果也十分明显，由中心组编的"汽车专业工作过程导向职业核心课程双证系列教材"便是这种实践成果之一。

我国作为世界汽车生产和消费大国，汽车产业的快速发展和汽车消费的持续增长，为国民经济的增长产生了巨大拉动作用。近年来，我国汽车专业职业教育事业取得了长足发展，为汽车行业输送了大量的人才。随着汽车产业的迅猛发展，社会对汽车专业人才提出了更高的要求。进一步深化人才培养模式、课程体系和教学内容的改革，不断提高办学质量和教学水平，培养更多的适应新时代需要的具有创新能力的高技能、高素质人才，是汽车专业教育的当务之急。

作为汽车专业教育的重要环节，教材建设肩负着重要使命，新的形势要求教材建设适应新的教学要求。职业教育教材应针对学生自身特点，按照技能人才培养模式和培养目标，以应用性职业岗位需求为中心，以素质教育、创新教育为基础，以学生能力培养、技能实训为本位,使职业资格认证培训内容和教材内容有机衔接,全面构建适应 21 世纪人才培养需求的汽车类专业教材体系。

　　我热切地期待,本系列教材的出版将对职业教育汽车类专业人才的培养和教育教学改革工作起到积极的推动作用。

人力资源和社会保障部职业技能鉴定中心主任

中国就业培训技术指导中心主任

2011 年 5 月

目 录

第一部分

课程整体设计

本教材根据汽车维修岗位工作内容,结合汽车维修工作业层次不同,选取了汽车转向系统的定期维护、汽车转向工作不良、汽车行驶系统的定期维护和汽车行驶工作不良四个学习项目(或四个工作项目)。

项目一根据汽车转向系的结构和工作原理,培养学生具备定期维护汽车转向、行驶系统的相关技能。

项目二根据汽车液压转向沉重、转向盘自由行程过大、转向操纵不稳定、电动助力转向沉重等常见故障(工作不良),分为诊断与排除汽车液压转向沉重故障、诊断与排除汽车转向盘自由行程过大故障、诊断与排除汽车电动助力转向沉重3个典型任务。

项目三根据汽车行驶系的结构和工作原理,培养学生具备定期维护汽车行驶系统的相关技能。

项目四根据汽车行驶跑偏、汽车倾斜等常见故障(工作不良),分为诊断与排除汽车车辆跑偏故障、诊断与排除汽车倾斜故障诊断和排除电控悬架工作失效故障等3个典型任务。

根据维修方法分为诊断与排除汽车转向沉重、车辆跑偏故障,学习汽车转向系、行驶系统的结构、控制原理和主要部件的检修方法。

本书所有项目按工作过程导向项目课程的思路组织编写,以实施具体任务来实现项目目标,同时还设计了若干训练活动来为顺利实施任务做准备。以完成任务展开学习、边学边做任务。实现做中学,学中做的一体化教学核心思想。

一、课程内容设计

本课程选取了汽车转向系统的定期维护、汽车转向工作不良、汽车行驶系统的定期维护和汽车行驶工作不良4个学习项目(或4个工作项目),具体的教学安排如下。

项目与名称	工 作 任 务	课时分配
项目一 汽车转向系统的定期维护	根据转向系统维护内容实施维护项目	8

笔记

	项目与名称	工 作 任 务	课时分配
项目二	诊断与排除汽车转向工作不良故障	任务2.1　诊断与排除汽车液压助力转向沉重故障	12
		任务2.2　诊断与排除汽车转向盘自由行程过大故障	12
		任务2.3　诊断与排除汽车电动助力转向沉重故障	12
项目三	汽车行驶系统的定期维护	根据行驶系统维护内容实施维护项目	8
项目四	诊断与排除汽车行驶工作不良故障	任务4.1　诊断与排除汽车行驶跑偏故障	12
		任务4.2　诊断与排除汽车倾斜故障	12
		任务4.3　诊断与排除汽车电控悬架工作失效故障	12

二、课程目标设计

能描述汽车转向系统（转向系）、行驶系统、悬架的结构、工作原理、功能及装配关系，能够从整车或台架上拆装汽车转向系统和行驶系统的零部件并进行检修。

能够根据汽车底盘各部件的磨损规律制订维修方案，并熟练实施维修保养作业。

会利用汽车故障现象，分析汽车底盘故障原因，制订故障诊断流程，并能根据汽车底盘故障现象的特点和故障诊断流程进行作业，排除汽车底盘故障。

能正确使用常用工具、仪器设备。实施维修与保养作业。

会运用维修手册和维修电子资料。根据汽车底盘的结构原理，正确规范地完成汽车转向系统、行驶系统零部件的拆装与调整。

在学习或作业过程中严格地执行5S现场管理与操作规范，能与其他同学团结协作，共同解决学习和工作中的一般问题。

了解最新的汽车电控底盘技术和混合动力等新技术的应用。

三、课程教学资源的要求

师资要求：建议中级或以上职称，或技师职业资格，或具有3年以上的企业维修经验的双师型教师任课。

实训资源：

实习场地名称	实习场地要求	设备序号	设备名称	数量	设备功能\技术指标
汽车底盘实训室	面积：200m² 配电：380V，220V/12V 抽排系统 环保：JY/T0380-2006要求	1	转向系统台架	4	转向器等零部件拆装与检测实训
		2	悬架实习台架	4	悬架拆装与检测实训
		3	举升机	4	举升车辆
		4	抽排系统	1	排除尾气
		5	机油回收机	2	回收机油

（续表）

实习场地名称	实习场地要求	设备序号	设备名称	数量	设备功能\技术指标
汽车底盘实训室	面积：200m² 配电：380V，220V/12V 抽排系统 环保：JY/T0380-2006要求	6	液压千斤顶	2	举升车架
		7	四轮定位仪	2	检测四轮定位
		8	轮胎测压机	1	测量胎压
		9	轮胎动平衡仪	1	动平衡轮胎
		10	中高级轿车	2	实习用车
		11	专用拆装工具	2	拆装各部件
			解码器	2	读取故障码
			液压吊机	2	举升台架

四、项目设置与项目能力培养目标分解

序号	项目与名称	工作任务	能力（知识、技能、职业素养）	课时分配
1	项目一　汽车转向系统的定期维护	根据转向系统维护内容实施维护项目	1. 能认识汽车转向系统的各部件名称、结构，理解工作原理 2. 能按要求制订的维护计划和完成维护项目 3. 能按转向系定期维护规范完成维护操作	8
2	项目二　诊断与排除汽车转向工作不良故障	任务2.1　诊断与排除汽车液压助力转向沉重故障	1. 能熟练掌握转向器的安装 2. 能鉴别转向器的类型和能够熟练掌握转向器组成、工作原理 3. 能熟练掌握液压式电子控制动力转向系统的组成、工作原理 4. 能熟练说出反力控制式的组成、工作原理 5. 学会转向器的检修方法 6. 能够排除汽车液压式助力转向沉重的故障	12
		任务2.2　诊断与排除汽车转向盘自由行程过大故障	1. 掌握转向操纵机构的组成与原理，学会规范的操作步骤，排除由转向操纵机构引起的故障 2. 掌握转向传动机构的组成与原理，学会规范的操作步骤排除由转向传动机构引起的故障 3. 学会规范的操作步骤能够排除汽车转向盘自由行程过大的故障	12

笔记

序号	项目与名称	工作任务	能力（知识、技能、职业素养）	课时分配
2	项目二　诊断与排除汽车转向工作不良故障	任务2.3　诊断与排除汽车电动助力转向沉重故障	1. 能熟练掌握电动助力转向的组成与工作原理 2. 能熟练掌握转矩传感器、电动机的结构及工作原理 3. 能熟练掌握电磁离合器、减速机构的结构及工作原理 4. 能够排除汽车电动助力转向沉重的故障	12
3	项目三　汽车行驶系统的定期维护	根据行驶系统维护内容实施维护项目	1. 能认识汽车行驶系统的各部件，掌握行驶系统的功用、结构及类型，理解工作原理 2. 能按汽车行驶系统定期维护规范制订维护计划 3. 能按汽车行驶系统定期维护规范完成维护操作	8
4	项目四　诊断与排除汽车行驶工作不良故障	任务4.1　诊断与排除汽车行驶跑偏故障	1. 能掌握车轮与轮胎的功用、结构及类型，理解工作原理 2. 能按规范制订诊断与排除汽车行驶跑偏故障的维修计划 3. 学会规范的操作步骤，排除汽车行驶跑偏故障	12
		任务4.2　诊断与排除汽车倾斜故障	1. 能掌握悬架系统及各部件的功用、结构及类型，理解工作原理 2. 能按规范制订诊断与排除汽车倾斜故障的维修计划 3. 学会规范的操作步骤排除汽车倾斜故障	12
		任务4.3　诊断与排除汽车电控悬架工作失效故障	1. 理解汽车电控悬架系统的结构及工作原理，能分析电控悬架工作失效的故障原因 2. 掌握汽车电控悬架系统检修规范 3. 会排除汽车电控悬架工作失效故障，并按规范进行维修质量检验	12

笔记

五、课程考核方案设计

序号	考核项目	考核任务	考核方案	考核权重
1	汽车转向系统的定期维护	根据转向系统维护内容实施维护项目	过程考核与第三方考核相结合	10
2	诊断与排除汽车转向工作不良故障	任务2.1　诊断与排除汽车液压助力转向沉重故障	过程考核与第三方考核相结合	15
		任务2.2　诊断与排除汽车转向盘自由行程过大故障	过程考核与第三方考核相结合	15
		任务2.3　诊断与排除汽车电动助力转向沉重故障	过程考核与第三方考核相结合	20
3	汽车行驶系统的定期维护	根据行驶系统维护内容实施维护项目	过程考核与第三方考核相结合	10
4	诊断与排除汽车行驶工作不良故障	任务4.1　诊断与排除汽车行驶跑偏故障	过程考核与第三方考核相结合	15
		任务4.2　诊断与排除汽车倾斜故障	过程考核与第三方考核相结合	10
		任务4.3　诊断与排除汽车电控悬架工作失效故障	过程考核与第三方考核相结合	15

六、教学建议

本课程是汽车专业必修的技术课程,是基于汽车机电维修工岗位工作任务分析而设置的项目课程。各项目之间为递进关系。本书的项目按工作过程系统化原则组织编写。即将项目工作流程"咨询—决策—计划—实施—检验—评估"与汽车维修行业的"维修接待—收集信息—制订维修方案—实施维修作业—维修质量检验—业务考核"相结合,确定了本书的编写思路。即"维修接待(或布置任务)—信息收集与处理—制订维修计划—实施维修作业—检验与评估"。

本书建议按工作过程系统化项目教学与任务驱动组织教学,以解决维修案例为主线,将汽车发动机控制系统结构、工作原理、故障诊断与检修方法等渗透到各项目或任务中,以完成任务展开学习,边学边做任务。通过项目训练,培养学生"从故障入手—分析故障—制订维修方案—实施检修作业—维修质量检验"等企业工作或学习的过程能力,实现做中学,学中做的一体化教学核心思想。要求全面实施任务驱动式的项目教学法。同时,建议创建汽车维修工作站,模拟企业工作环境,从具体车辆典型故障案例入手,按维修接待—收集信息—制订维修计划—实施维修作业—维修质量检查与评估等 6 个环节实施项目教学。在教学过程中,要求体现教师引导、学生训练为主的现代职业教育理念(职业活动行动导向教学法),培养学生专业能力的同时全过程渗透职业核心能力训练。同时还潜移默化地掌握问题解决方法,培养学生工作过程能力。

第二部分

教 学 内 容

项目一　转向系统的定期维护

项目描述	本项目是驾驶员或初学者对汽车底盘转向系统(转向系)的认识,并进行相关操作及维护。通过本项目的学习,使学生理解汽车转向系统的工作原理,认识汽车转向系统的结构,具备维护汽车转向系统的相关技能,能对汽车转向系统进行定期维护
项目目标	1. 收集汽车转向系统操作规范相关信息,制订汽车转向系统操作计划 2. 能根据汽车转向系统定期维护作业规范,实施维护作业
项目任务	任务:定期维护汽车转向系统
项目实施	

一、维修接待

按照表1-1-1完成项目一待修车辆的维修接待与接车问诊表。

表1-1-1 维修接待与接车问诊表

王先生的一辆2006款东风日产天籁汽车行驶了5 000多公里没进行维护,进入维修厂进行维护
1. 通过询问客户了解车辆使用情况,填写接车问诊表 2. 车间检测初步确认结果:需进行定期维护

接 车 问 诊 表

车牌号:_____　车架号:_____　行驶里程:_____(km)

用户名:_____　电　话:_____　来店时间:_____/_____

用户陈述及故障发生时的状况:**一辆2006款东风日产天籁汽车5 000多公里没进行维护,进入维修厂进行维护**

故障发生状况提示:**行驶速度、发动机状态、发生频度、发生时间、部位、天气、路面状况、声音描述**

接车员检测确认建议:**需进行定期维护**

车间检测确认结果及主要故障零部件:**需进行定期维护**

车间检查确认者:_____

外观确认:

功能确认:(工作正常√　不正常×)
□音响系统　　□门锁(防盗器)　□全车灯光　□工具
□后视镜　　　□顶窗　　　　　□座椅　　　□点烟器
□玻璃升降器　□玻璃

物品确认:(有√　无×)
□贵重物品提示
□工具　□备胎　□灭火器
□其他(　　　　　　　)
旧件是否交还用户　□是　□否
用户是否需要洗车　□是　□否

F　　E

(请在有缺陷部位作标识)

- 检测费说明:本次检测的故障如用户在本店维修,检测费包含在修理费用内;如用户不在本店维修,请您支付检测费。本次检测费:¥_____元。
- 贵重物品:在将车辆交给我店检查修理前,已提示将车内贵重物品自行收起并保存好,如有遗失恕不负责。

接车员:_____　　　　　　　用户确认:_____

<<<<

二、信息收集与处理

按照表1-1-2完成项目一的信息收集与处理。

表 1-1-2 信息收集与处理

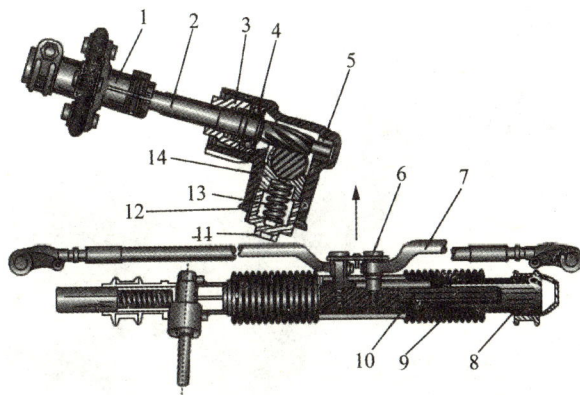

序号	部件名称	作　　用
1		
2		
3		
4		
5		
6		
7		
8		
9		
10		
11		
12		
13		
14		

1. 汽车转向原理：_____

_____

2. 汽车常用转向液有：_____

3. 汽车常用转向器有：_____

4. 汽车转向系统的主要部件有：_____

5. 汽车转向系统的类型有：_____

1. 汽车底盘概述

汽车底盘能支承、安装汽车发动机及车身等各种零部件,同时将发动机的动力进行传递和分配,并按驾驶员的操控行驶(加速、减速、转向、制动等)。它一般由传动系、行驶系、转向系、制动系四大系统组成。汽车底盘如图 1-1-1 所示。

图 1-1-1　汽车底盘(货车)

1) 传动系

汽车发动机与驱动轮的动力传递装置称为汽车的传动系。它提供汽车具有在各种行驶条件下所必需的牵引力、车速,以及保证牵引力与车速之间协调变化等功能,使汽车有良好的动力性和燃油经济性。还应保证汽车能倒车,以及左、右驱动车轮能适应差速要求,并使动力传递能根据需要而平稳地接合或彻底、迅速地分离。传动系如图 1-1-2 所示,主要包括离合器、变速器、传动轴、主减速器、差速器及半轴等。

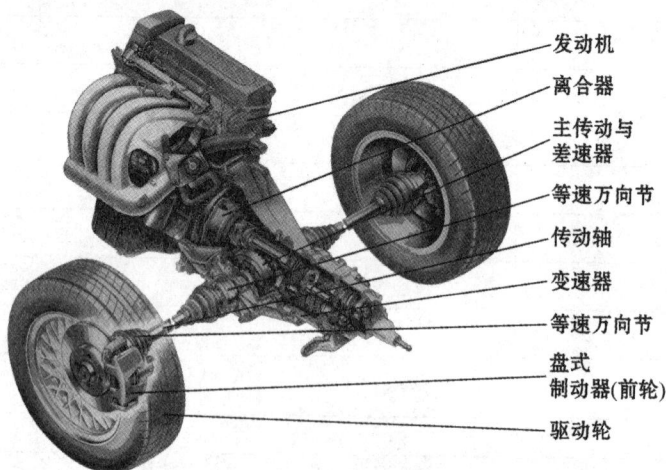

图 1-1-2　传动系统

2) 行驶系

汽车行驶系是接受发动机经传动系传来的动力,并通过驱动轮与路面间的附着作用,产生路面对汽车的牵引力,以保证整车正常行驶。此外,行驶系应尽可能缓和不平路面对车身造成的冲击和振动,保证汽车的行驶平顺性,并且与汽车转向系很好地配合工作,实现汽车行驶方向的正确控制,以保证汽车操纵稳定性。行驶系如图 1-1-3 所示,主要包括车架、车桥、悬架和车轮等。

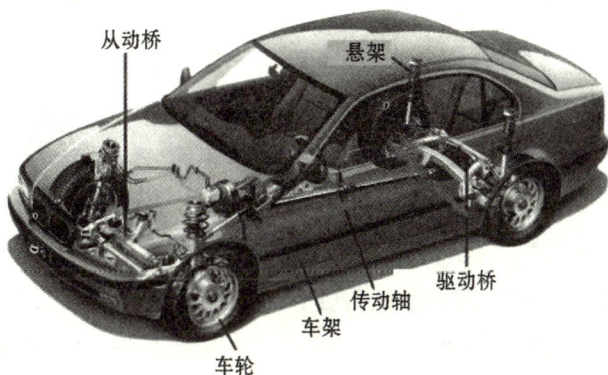

图 1-1-3　行驶系统

3) 转向系

汽车转向系是驾驶员用来保持或改变汽车行驶方向的机构。在汽车转向行驶时,转向系还要保证各转向轮之间有协调的转角关系。驾驶员通过操纵转向系统,使汽车保持在直线或转弯运动状态,或使上述两种运动状态互相转换。转向系如图 1-1-4 所示,主要包括转向操纵机构、转向器、转向传动机构等。

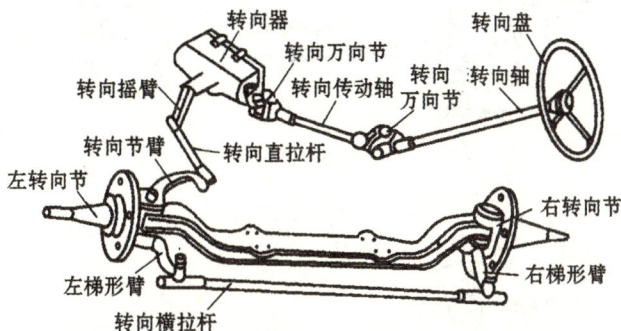

图 1-1-4　转向系统

4) 制动系

制动系使行驶中的汽车能减低速度或停止行驶,或使已停驶的汽车保持不动。制动系包括制动器、制动传动装置。现代汽车制动系中还装设了制动防抱死装置,使行驶的汽车减速以至停车,以及使已停驶的汽车保持不动。制动系如图 1-1-5 所示,主要包括供能装置、制动控制装置、传动装置以及制动器等。

2. 转向系的功用和分类

1) 转向系的功用

汽车转向系用于改变和保持汽车的行驶方向。当汽车需要改变行驶方向时,必须使转

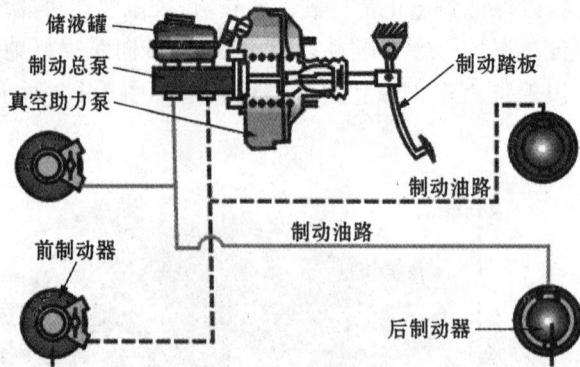

图 1-1-5　制动系统

向轮绕主销轴线偏转一定角度,直到新的行驶方向符合驾驶员的要求时,再将转向轮恢复到直线行驶位置。这种由驾驶员操纵转向轮偏转和回位的机构称为汽车转向系。

2) 转向系的分类

汽车转向系按转向能源的不同分为机械转向系和动力转向系两大类,如图 1-1-6 所示。

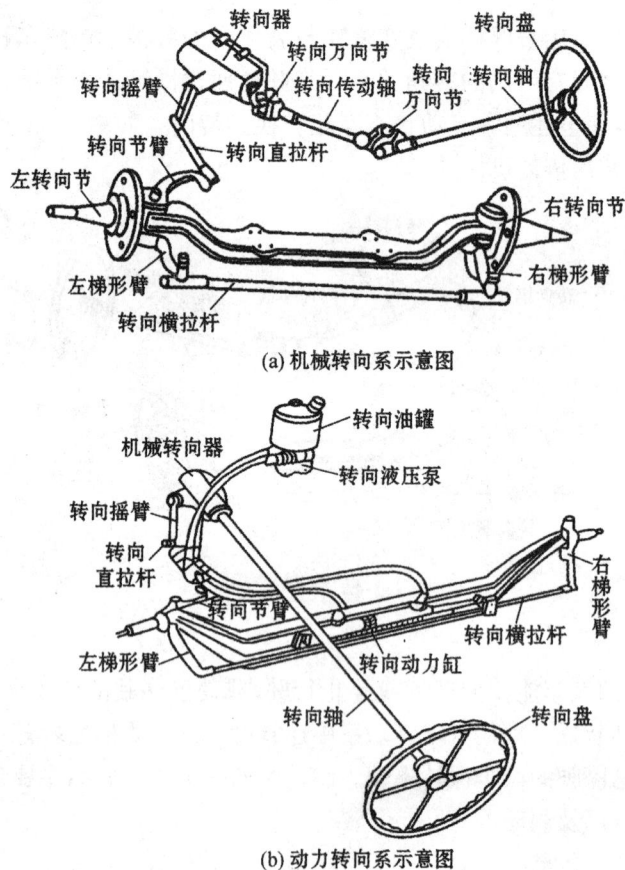

(a) 机械转向系示意图

(b) 动力转向系示意图

图 1-1-6　转向系类型

3）机械转向系结构分析

（1）转向操纵机构：驾驶员操纵转向器工作的机构，包括转向盘、转向轴等机件。

（2）转向器：转向轴下端的蜗杆与扇形齿轮构成转向器。转向器是一个减速增矩机构，经转向器放大的力矩传给转向传动机构。

（3）转向传动机构：由转向直拉杆、转向节臂、转向横拉杆、左右梯形臂等机件构成。前轴的两端和转向节由主销铰接在一起，转向节上连有左右梯形臂，两臂铰接在转向横拉杆上。其中梯形臂及横向拉杆作用是：与前轴构成转向梯形，保证左、右转向轮按一定规律偏转。

3. 转向系结构和工作原理

1）转向系统的基本组成

转向系形式多种多样，但所有的转向系都由转向操纵机构、转向器和转向传动机构三大部分组成，如图 1-1-7 所示。

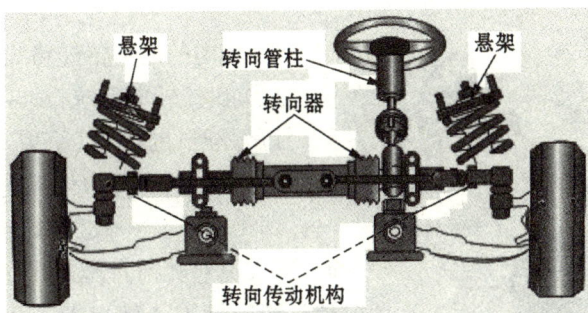

图 1-1-7　转向系结构图

（1）转向操纵机构操纵转向器和转向传动机构，使转向轮偏转。

（2）转向器的功用是增大由转向盘传到转向节的力，并改变力的传动方向。

（3）转向传动机构的功用是将转向器输出的力和运动传给转向轮，使两侧转向轮偏转以实现汽车转向。

- 转向操纵机构：主要由转向盘、转向轴、转向管柱等组成。

- 转向器：将转向盘的转动变为转向摇臂的摆动或齿条轴的直线往复运动，并对转向操纵力进行放大的机构。转向器一般固定在汽车车架或车身上，转向操纵力通过转向器后一般还会改变传动方向。

- 转向传动机构：将转向器输出的力和运动传给车轮（转向节），并使左右车轮按一定关系进行偏转的机构。

2）转向系工作原理

图 1-1-6(a)所示为机械转向系示意图。机械转向系以驾驶员的体力作为转向能源。汽车转向时，驾驶员转动转向盘，通过转向轴、万向节和转向传动轴，将转向力矩输入转向器。转向器中有 1,2 级啮合传动副，具有减速增力作用。经转向器减速后的运动和增大后的力矩传到转向摇臂，再通过转向直拉杆传给固定于左转向节的转向节臂，使左转向节及装于其上的左转向轮绕主销偏转。左、右梯形臂的一端分别固定在左、右转向节上，另

一端则与转向横拉杆用球铰链连接。当左转向节偏转时,经左梯形臂、横拉杆和右梯形臂的传递,使右转向节及装于其上的右转向轮随之绕主销同向偏转相应的角度。左、右梯形臂和转向横拉杆以及前轴构成转向梯形,其作用是在汽车转向时,使内、外转向轮按一定的规律进行偏转。

图 1-1-6(b)所示为动力转向系示意图。动力转向系统是利用一定的动力助力,帮助执行转向操作的转向系统。动力转向装置一般由机械转向器、转向动力缸和转向控制阀三部分组成。

汽车转向时,当驾驶员顺时针转动转向盘,转向摇臂推动转向直拉杆后移,直拉杆的推力作用于转向节臂,并依次传到梯形臂和转向横拉杆,使之左移。与此同时,转向直拉杆还带动转向控制阀中的滑阀,使转向动力缸中的右腔接通转向液压泵的出油口,左腔接通回油口,于是转向动力缸的活塞受到向左的液压作用力便经活塞杆施加在横拉杆上。这样,驾驶员需要加在转向盘上的力矩,比用机械转向系时小得多。逆时针转动转向盘,过程与之相反。

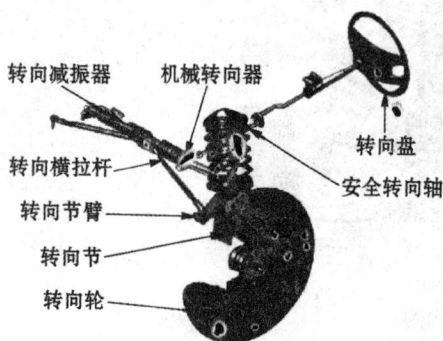

图 1-1-8　机械转向系统

3) 转向的动力传递路线

(1) 机械转向系统。

以驾驶员的体力(手力)作为转向能源的转向系统,其中所有传力件都是机械的。

图 1-1-8 是一种机械式转向系统。需要转向时,驾驶员对转向盘施加一个转向力矩。该力矩通过转向轴输入转向器。从转向盘到转向传动轴这一系列部件和零件即属于转向操纵机构。作为减速传动装置的转向器中有 1,2 级减速传动副。经转向器放大后的力和减速后的运动传到转向横拉杆,再传给固定于转向节上的转向节臂,使转向节和它所支承的转向轮偏转,从而改变了汽车的行驶方向。这里,转向横拉杆和转向节臂属于转向传动机构。

(2) 动力转向系统。

兼用驾驶员体力和发动机(或电机)的动力为转向能源的转向系统,它是在机械转向系统的基础上加设一套转向加力装置而形成的。

图 1-1-9 是液压式动力转向系统示意图。其中属于转向加力装置的部件是:转向油泵、转向油管、转向油罐以及位于整体式转向器内部的转向控制阀及转向动力缸等。当驾驶员转动转向盘时,转向摇臂摆动,通过转向直拉杆、横拉杆、转向节臂,使转向轮偏转,从而改变汽车的行驶方向。与此同时,转向器输入轴还带动转向器内

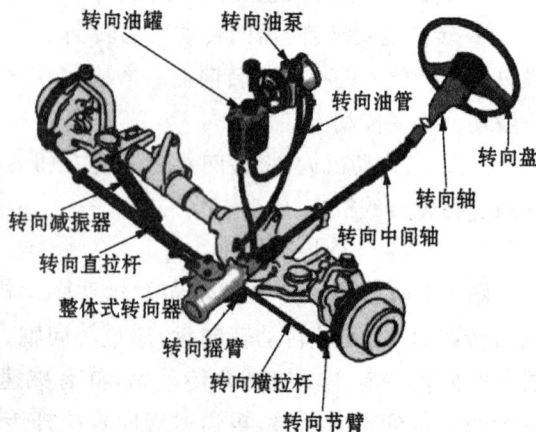

图 1-1-9　液压动力转向系统

部的转向控制阀转动,使转向动力缸产生液压作用力,帮助驾驶员转向操纵。这样,为了克服地面作用于转向轮上的转向阻力矩,驾驶员需要加于转向盘上的转向力矩,比用机械转向系统时所需的转向力矩小得多。

4. 转向系定期维护注意事项

1)车辆举升安全注意事项

(1)操作前应清除举升机附近妨碍作业的器具及杂物,并检查举升机操作手柄是否正常。

(2)举升机操作机构应灵敏有效,液压系统不得有泄漏和爬行现象。

(3)支撑车辆时,四个支脚应在同一平面上。

(4)待举升车辆驶入举升工作范围后,应将举升机支脚块调整移动到正对该车型规定的举升点。

(5)车辆举升时工作人员应离开车辆,待举升到需要高度后,必须插入保险锁销,并确保安全可靠才可开始车底作业。

(6)有人作业时严禁升降举升机。

(7)作业完毕应清除杂物,并打扫举升机周围以保持场地整洁。

2)工作环境安全注意事项

(1)操作过程做到"三不落地",即工具、零件、油水不落地。

(2)及时清除地面油污和水。工作完毕后工具应该及时归位、清洁。

(3)操作时应穿戴好个人防护用品。

(4)保证工作环境有良好的通风。

5. 转向系定期维护的范围

1)转向器、转向传动机构

(1)检查转向器传动机构的工作状况和密封性,校紧各部螺栓。

(2)检查调整转向盘自由转动量。

(3)检查横直拉杆装置。

(4)检查转向横拉杆球头间隙、固定程度扩防尘罩。

2)前束及最大转向角

检测前轮前束及最大转向角。

3)侧滑量

应该符合 G7258—1997 中的有关规定。

三、制订维护计划

一辆 2006 款东风日产天籁汽车行驶了 5 000 多公里未进行维护,进入维修厂进行维护。查阅车辆转向系统的类型信息描述及结构组成、维护安全注意事项、转向系组成等,制订汽车转向系维护计划如表 1-1-3 所示。

笔 记

表 1-1-3　汽车转向系维护计划

1. 查阅相关维护技巧与安全事项 2. 了解汽车转向系的结构、功用等 3. 掌握定期维护作业规范		
1. 车辆行驶系类型 信息描述	**车 辆 描 述** 车辆转向系类型信息描述	
2. 车辆转向系维护 安全描述		在进行转向系维护之前,认真阅读文中转向系定期维护注意事项认真填表
3. 车辆转向系结构 描述(用举升机举升 车辆,观察各部件的 安装情况,在图上标 注部件名称)		

笔记

4.汽车转向系定期维护计划	➢ 转向器检查与维护 ➢ 转向管柱检查与维护 ➢ 转向盘的检查与维护 ➢ 转向轴的检查与维护 ➢ 横直拉杆装置检查与维护 ➢ 转向液检查与维护 ➢ 转向泵及皮带检查与维护 ➢ 转向杆球头节及防尘套检查与维护

四、实施维护作业

根据汽车转向系维护作业计划实施维护作业,维护作业任务书如表 1-1-4 所示。

表 1-1-4　汽车转向系维护作业任务书

1. 了解汽车转向系维护安全事项 2. 会正确对汽车转向系进行维护保养			
1. 车辆信息描述	**车 辆 描 述**		
	车辆转向系类型描述		
2. 汽车转向系定期维护描述			
	检查项目	作 业 要 领	技术标准	检查记录

检查项目	作 业 要 领	技术标准	检查记录
转向器	(1) 检查转向器是否漏油 (2) 检查转向器是否变形 (3) 检查转向器连接是否松动 (4) 清洁转向器并紧固转向器连接螺栓		
转向液	(1) 检查转向液是否足够 (2) 检查转向液是否变质		
转向管柱	(1) 检查转向管柱是否折断、变形 (2) 检查转向管柱连接是否松动		
转向盘	(1) 检查转向盘是否损坏、变形 (2) 检查转向盘连接是否松动 (3) 检查转向盘最大转动量是否符合规定		
横直拉杆装置	(1) 检查横直拉杆是否损坏、变形 (2) 检查横直拉杆球头销连接是否松动 (3) 清洁横直拉杆并紧固横直拉杆连接螺栓		

（表左侧竖排：3. 汽车转向系定期维护）

（续表）

	检查项目	作 业 要 领	技术标准	检查记录
3. 汽车转向系定期维护	转向泵及皮带	（1）检查转向泵及皮带是否损坏、变形 （2）检查转向泵及皮带连接是否松动 （3）清洁转向泵及皮带并紧固转向泵及皮带连接螺栓		
	转向杆球头节及防尘套	（1）检查转向杆球头节及防尘套是否损坏、变形 （2）检查转向杆球头节及防尘套连接是否松动 （3）清洁转向杆球头节及防尘套并紧固转向杆球头节连接螺栓		
	检查与维护结论			

五、检验评估

项目一的检验评估如表 1-1-5 所示。

表 1-1-5　检验评估

评价内容	检 验 指 标	权重	自评	互评	总评
检查任务完成情况	1. 完成任务过程情况	4			
	2. 任务完成质量				
	3. 在小组完成任务过程中所起作用				
专业知识	1. 能描述汽车转向系的组成	3			
	2. 能描述汽车转向系的类型				
	3. 能描述汽车转向系的功能				
	4. 会描述汽车转向系定期维护作业范围				
	5. 会描述汽车转向系定期维护作业安全事项				
职业素养	1. 学习态度：积极主动参与学习	3			
	2. 团队合作：与小组成员一起分工合作，不影响学习进度				
	3. 现场管理：服从工位安排、执行实训室"5S"管理规定				
综合评议与建议					

项目拓展

想一想：

1. 汽车转向系统基本组成是什么？

2. 汽车转向系统维护作业有哪些，规范如何？

项目二　诊断与排除汽车转向工作不良故障

项目描述	一汽丰田卡罗拉汽车转向沉重,进入维修厂进行维修。根据维修接待和车间检测结果,确认是一个综合故障。为了诊断与排除汽车转向综合故障,对汽车转向"液压助力转向沉重、转向盘自由行程过大、电动助力转向沉重"三个方面进行诊断与排除,直到彻底排除故障
项目目标	1. 能理解汽车转向系统的结构原理,会诊断与排除汽车转向工作不良故障 2. 能理解汽车动力转向系统的结构原理,会诊断与排除汽车液压动力转向沉重故障 3. 会使用塞尺等工具诊断汽车转向盘自由行程过大故障,并能对相关部件进行修复及排除故障 4. 能理解汽车动力转向系统的结构原理,会诊断与排除汽车动力电动助力转向沉重故障
项目任务	任务 2.1:诊断与排除汽车液压助力转向沉重故障:通过汽车转向外部检查—汽车转向器—转向传动机构—前轮定位失准—轮胎气压—前轮轴承过紧—辨别液压系统工作是否正常—储油罐油液—辨别油泵 V 形带是否正常—检修油泵—检修溢流阀—动力缸或转向控制阀等检查,诊断与排除汽车液压转向沉重故障,并检验维修质量 任务 2.2:诊断与排除汽车转向盘自由行程过大故障:通过检测齿轮与齿条啮合间隙—球铰磨损严重配合松旷— 横拉杆与支架配合松旷等检查来排除汽车转向盘自由行程过大故障,并检验维修质量 任务 2.3:通过汽车转向外部检查—汽车转向器—转向传动机构—电磁离合器—扭矩传感器—车速传感器—ECU—电动机等检查来诊断与排除汽车电动助力转向沉重故障并检验其维修质量
项目实施	任务 2.1:诊断与排除汽车液压助力转向沉重故障 任务 2.2:诊断与排除汽车转向盘自由行程过大故障 任务 2.3:诊断与排除汽车电动助力转向沉重故障

任务 2.1　诊断与排除汽车液压助力转向沉重故障

任务描述	针对维修接待和车间确认意见,本任务要通过检查汽车转向系外部、汽车转向器、转向传动机构、前轮定位失准、轮胎气压、前轮轴承过紧等一系列工作,排除汽车液压助力转向沉重故障
任务目标	1. 理解汽车转向系统的结构及工作原理,能分析汽车液压转向沉重的原因 2. 掌握汽车转向系统的外部检查、检漏、加注转向油的规范 3. 会排除汽车液压转向沉重故障,并按规范进行维修质量检验

一、维修接待

按照表 2-1-1 完成任务 2.1 待修车辆的维修接待与接车问诊表。

表 2-1-1　任务 2.1 维修接待与接车问诊表

1. 通过询问客户了解转向系发生故障情况,填写接车问诊表 2. 车间检测初步确认结果及主要故障零部件

接 车 问 诊 表

车牌号:＿＿＿＿＿＿＿　车架号:＿＿＿＿＿＿＿　行驶里程:＿＿＿＿＿＿＿(km)

用户名:＿＿＿＿＿＿＿　电　话:＿＿＿＿＿＿＿　来店时间:＿＿＿＿/＿＿＿＿

用户陈述及故障发生时的状况:**一辆 2002 款一汽丰田花冠汽车在行驶中,发现汽车转向时很沉重;进入维修厂进行维修**

故障发生状况提示:**行驶速度、发动机状态、发生频率、发生时间、部位、天气、路面状况、声音描述**

接车员检测确认建议:**需进行拆检维修**

车间检测确认结果及主要故障零部件:**需进行转向系的外部检查、检漏,必要时需更换相应部件**

车间检查确认者:＿＿＿＿＿＿＿＿＿

外观确认:

（请在有缺陷部位作标识）

功能确认:（工作正常√　不正常×）

□音响系统　□门锁(防盗器)　□全车灯光　□工具

□后视镜　□顶窗　□座椅　□点烟器

□玻璃升降器　□玻璃

物品确认:（有√　无×）

F　　□贵重物品提示

□工具　□备胎　□灭火器

□其他(　　　　　　)

旧件是否交还用户　□是　□否

用户是否需要洗车　□是　□否

E

- 检测费说明:本次检测的故障如用户在本店维修,检测费包含在修理费用内;如用户不在本店维修,请您支付检测费。本次检测费:￥＿＿＿＿元。
- 贵重物品:在将车辆交给我店检查修理前,已提示将车内贵重物品自行收起并保存好,如有遗失恕不负责。

接车员:＿＿＿＿＿＿＿＿＿＿＿＿　　用户确认:＿＿＿＿＿＿＿＿＿＿＿＿

笔记

二、信息收集与处理

按照表 2-1-2 完成任务 2.1 的信息收集与处理。

表 2-1-2　信息收集与处理

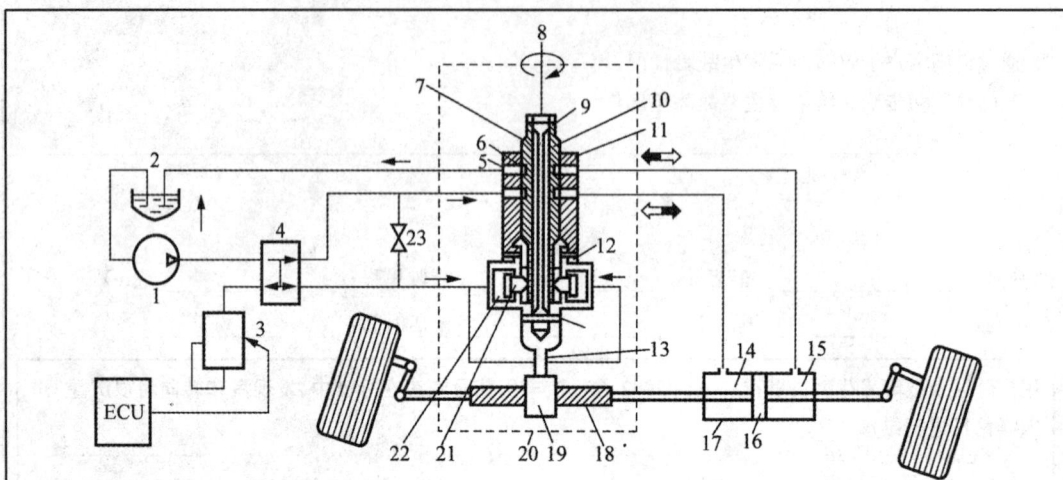

序号	部件名称	作　用
1		
2		
3		
4		
5		
6		
7		
8		
9		
10		
11		
12		
13		
14		
15		
16		
17		
18		
19		
20		
21		
22		
23		

1. 齿轮齿条式转向器原理：＿＿＿＿＿＿＿＿＿＿＿＿＿＿＿＿＿＿＿＿＿＿＿＿＿＿

＿＿＿＿＿＿＿＿＿＿＿＿＿＿＿＿＿＿＿＿＿＿＿＿＿＿＿＿＿＿＿＿＿＿＿＿＿＿

2. 循环球式转向器原理：＿＿＿＿＿＿＿＿＿＿＿＿＿＿＿＿＿＿＿＿＿＿＿＿＿＿＿＿

3. 蜗轮蜗杆式转向器原理：＿＿＿＿＿＿＿＿＿＿＿＿＿＿＿＿＿＿＿＿＿＿＿＿＿＿＿

4. 流量控制式 EPS 主要部件有：＿＿＿＿＿＿＿＿＿＿＿＿＿＿＿＿＿＿＿＿＿＿＿＿

5. 反力控制式 EPS 主要部件有：＿＿＿＿＿＿＿＿＿＿＿＿＿＿＿＿＿＿＿＿＿＿＿＿

1. 转向器的检修

转向器的功能是将转向盘的转动变为齿条轴的直线运动或转向摇臂的摆动,降低运动速度,增大转向力矩并改变转向力矩的传动方向。转向器输出端的运动形式有两种,一种是线位移(如齿轮齿条式转向器),另一种是角位移(如循环球式、曲柄指销式转向器)。

转向器是转向系统中的减速传动装置,其结构类型很多,但目前广泛采用的有齿轮齿条式、循环球式和蜗杆曲柄指销式等几种。

1)齿轮齿条式转向器

如图 2-1-1 所示为齿轮齿条式转向器,它主要由转向器壳体、转向齿轮、转向齿条等组成。转向器通过转向器壳体的两端用螺栓固定在车身(车架)上。

齿轮齿条式转向器结构简单,传动效率高,操纵轻便,重量轻;由于不需要转向摇臂和转向直拉杆,可使转向传动机构得以简化。在有效地解决了提高逆传动效率和实现转向器可变速比等技术问题后,这种转向器在前轮为独立悬架的中级以下轿车和轻型、微型货车上得以广泛应用,如一汽奥迪轿车、上海桑塔纳轿车、广州标致轿车、天津夏利轿车及南京依维柯轻型货车等均采用齿轮齿条式转向器。

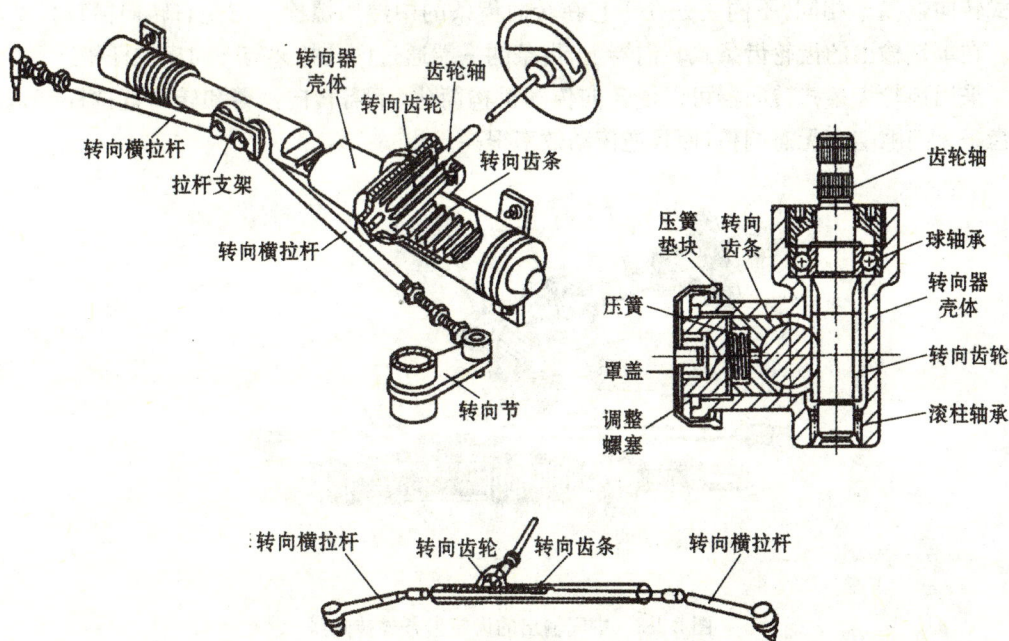

图 2-1-1 齿轮齿条式转向器

两端输出的齿轮齿条式转向器如图 2-1-2 所示,其工作过程为:转向轴旋转→万向节旋转→转向齿轮轴旋转→转向齿条直线运动→转向横拉杆带动转向节转动。作为传动副主动件的转向齿轮轴 11 通过轴承 12 和 13 安装在转向器壳体 5 中,其上端通过花键与万向节叉10 与转向轴连接。与转向齿轮啮合的转向齿条 4 水平布置,两端通过球头座 3 与转向横拉杆 1 相连。弹簧 7 通过压块 9 将齿条压靠在齿轮上,保证无间隙啮合。弹簧的预紧力可用调整螺塞 6 调整。当转动转向盘时,转向器齿轮 11 转动,使与之啮合的齿条 4 沿轴向移动,从而使左右横拉杆带动转向节左右转动,使转向车轮偏转,从而实现汽车转向。

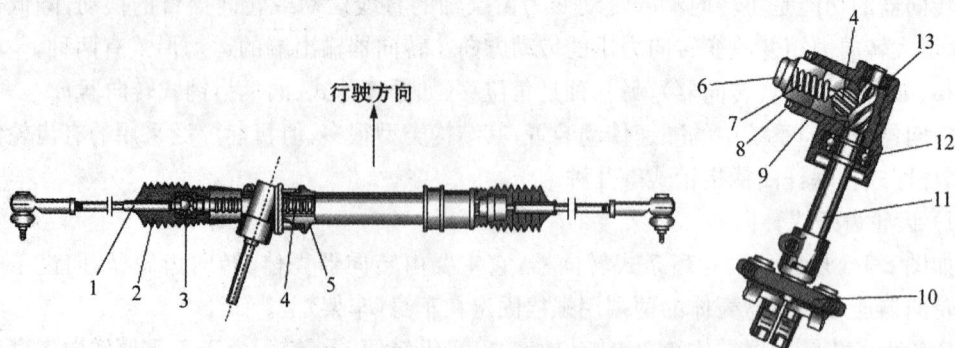

图 2-1-2　两端输出的齿轮齿条式转向器

1—转向横拉杆;2—防尘套;3—球头座;4—转向齿条;5—转向器壳体;6—调整螺塞;7—压紧弹簧;
8—锁紧螺母;9—压块;10—万向节;11—转向齿轮轴;12—向心球轴承;13—滚针轴承

中间输出的齿轮齿条式转向器如图 2-1-3 所示,其结构及工作原理与两端输出的齿轮齿条式转向器基本相同,不同之处在于它在转向齿条的中部用螺栓 6 与左右转向横拉杆 7 相连。在单端输出的齿轮齿条式转向器上,齿条的一端通过内外托架与转向横拉杆相连。

采用齿轮齿条式转向器可以使转向传动机构简化(不需转向摇臂和转向直拉杆等),齿轮齿条无间隙啮合无需调整,而且逆传动效率很高。

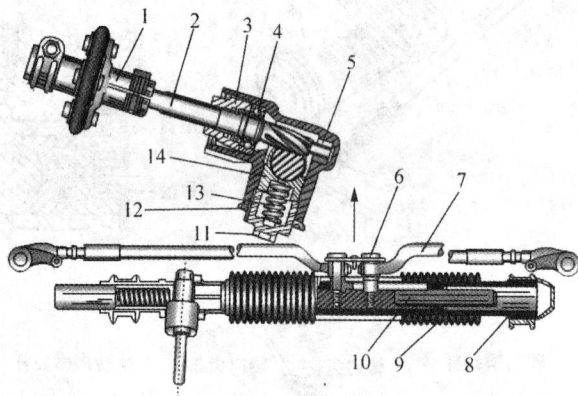

图 2-1-3　中间输出的齿轮齿条式转向器

1—万向节叉;2—转向齿轮轴;3—调整螺母;4—向心球轴承;5—滚针轴承;6—固定螺栓;7—转向横拉杆;
8—转向器壳体;9—防尘套;10—转向齿条;11—调整螺塞;12—锁紧螺母;13—压紧弹簧;14—压块

2) 循环球式转向器

它是目前国内外汽车上较为流行的一种结构形式,一般有两级传动副,第一级是螺杆螺母传动副,第二级是齿条齿扇传动副。

图 2-1-4 所示为一种循环球式转向器。其第一传动副为转向螺杆和转向螺母。转向螺母外侧的下平面上加工成齿条,与齿扇轴上的齿扇啮合,组成第二传动副:齿条—齿扇传动。转向螺母既是螺杆螺母传动副的从动件,又是齿条扇传动副的主动件。通过转向盘和转向

笔记

轴转动转向螺杆时,转向螺母不能转动只能轴向移动,并驱动齿扇轴转动。

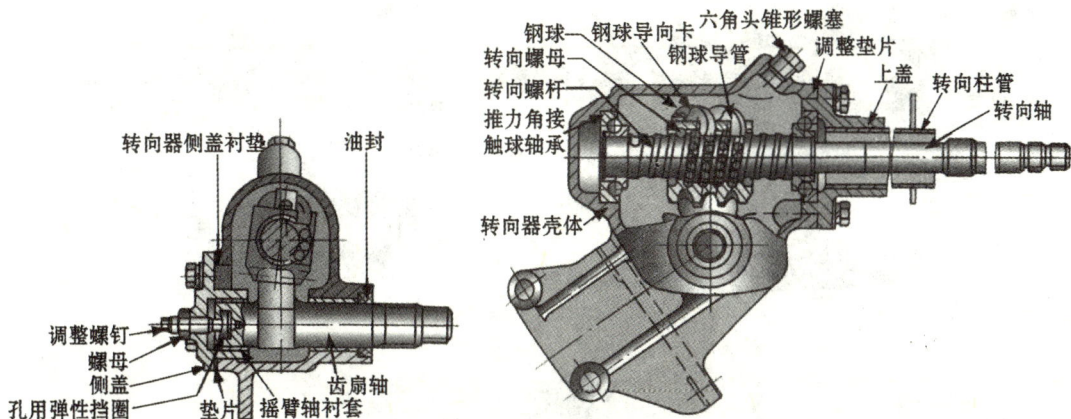

图 2-1-4 循环球式转向器

为了减少转向螺杆转向螺母之间的摩擦,两者的螺纹并不直接接触,其间装有多个钢球,以实现滚动摩擦。转向螺杆和螺母上都加工出断面轮廓为两段或三段不同心圆弧组成的近似半圆的螺旋槽。两者的螺旋槽能配合形成近似圆形断面的螺旋管状通道。螺母侧面有两对通孔,可将钢球从此孔塞入螺旋形通道内。转向螺母外有两根钢球导管,每根导管的两端分别插入螺母侧面的一对通孔中。导管内也装满了钢球。这样,两根导管和螺母内的螺旋管状通道组合成两条各自独立的封闭的钢球"流道"。

转向螺杆转动时,通过钢球将力传给转向螺母,螺母即沿轴向移动。同时,在螺杆及螺母与钢球间的摩擦力偶作用下,所有钢球便在螺旋管状通道内滚动,形成"球流"。在转向器工作时,两列钢球只是在各自的封闭流道内循环,不会脱出。

循环球式转向器中有两处配合需要调整:

(1) 支承转向螺杆的轴承预紧度:轴承为一对推力角接触球轴承,其预紧度通过调整垫片调整。

(2) 齿条齿扇啮合间隙:齿扇的齿厚度是渐变的,沿轴向移动齿扇轴,即可调整齿条齿扇的啮合间隙。调整螺钉旋装在侧盖上。

循环球式转向器正传动效率很高,可达90%～95%,故操纵轻便,使用寿命长,工作平稳可靠,但其逆效率也很高,容易将路面冲击力传到转向盘。不过,对于前轴轴载质量不大而又经常在平坦路面上行驶的轻、中型汽车而言,影响不大。因此,循环球式转向器广泛应用于各类各级汽车中。

3) 蜗轮蜗杆式转向器

图 2-1-5 为螺杆曲柄指销式转向器。其动力传递路线为:转向蜗杆→指销→摇臂轴。

摇臂轴通过滑动轴承衬套支在转向器壳体上。转向蜗杆通过角接触球轴承支承在壳体上,轴承预紧力由调整螺塞在外部调整,调整后用锁紧螺母锁紧。两个指销通过双列圆锥滚子轴承支于摇臂轴内端的曲柄上,其预紧度在装配时由螺母调整。蜗杆上梯形截面螺纹与两个锥形指销啮合,其啮合间隙通过侧盖上的调整螺钉在外部调整,调整后用螺母锁紧。

双指销式转向器在中间及附近位置时,其两指销均与蜗杆啮合,故每个指销较单指销

转向蜗杆　　转向器壳体　加油螺塞　下盖
角接触球轴承　　　A—A
上盖
调整螺塞
螺母
放油螺塞

双列圆锥滚子轴承　　　A
转向器壳体　　　指销
螺母
侧盖
角接触球轴承
摇臂轴　油封
调整螺钉
螺母
衬套　　A

(a) 结构图

指销　　　转向蜗杆
摇臂轴
摇臂

(b) 立体图

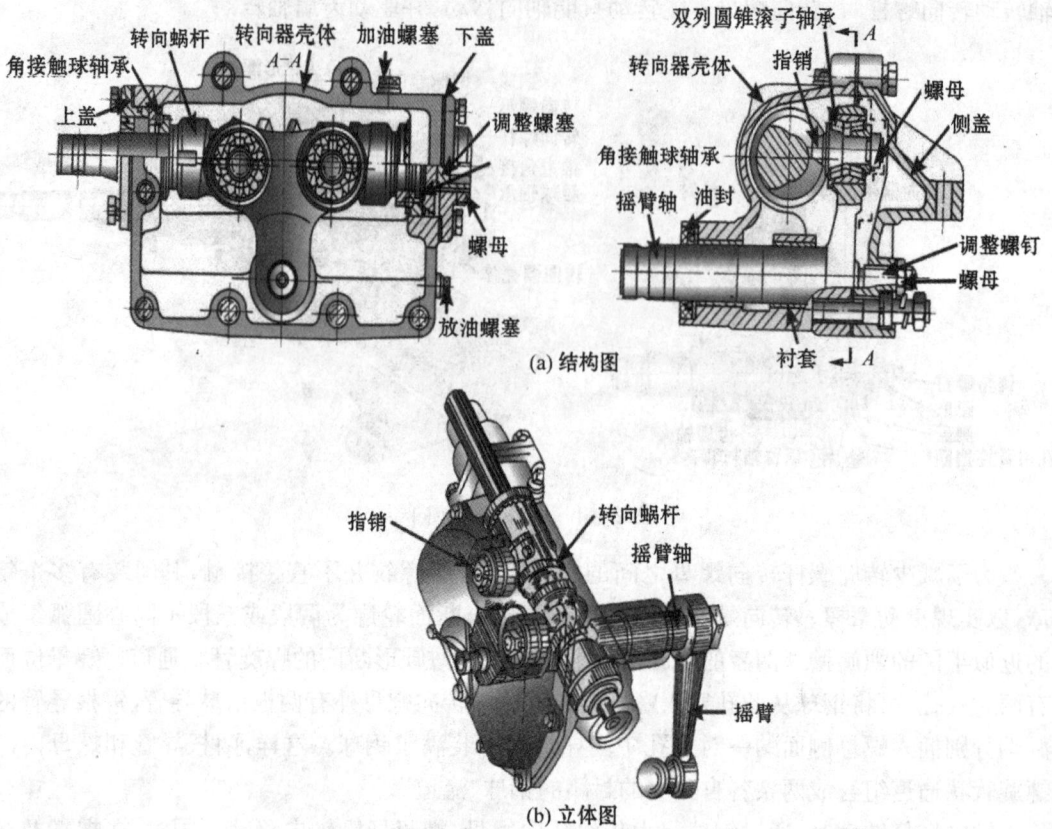

图 2-1-5　螺杆曲柄指销式转向器

式转向器的指销所受载荷的力较小,因而其工作寿命较长。当摇臂轴转角相当大时,一个指销与蜗杆脱离啮合,另一指销仍保持啮合,因此,双指销式转向器摇臂转角较单指销式大。

2. 液压式电子控制动力转向系统

液压式电控动力转向系统是在传统液压式动力转向系的基础上加装了转向助力电子控制装置构成的。其主要优点是:在低速转向时可以减轻转向力以使汽车的转向轻便;在高速时则可适当增大转向力,以改善"路感",提高汽车的转向操纵稳定性。根据液压式电控动力转向系统的控制方式不同,主要分为流量控制式、反力控制式。

1) 流量控制式 EPS

(1) 组成和工作原理。

流量控制式 EPS 主要由整体式液压动力转向油泵及管路、电磁阀、车速传感器和电子控制单元(ECU)等组成。

电磁阀安装在动力转向器(或动力缸)的高、低油道之间。电脑根据车速传感器提供的车速信号,按预设程序确定电磁阀的开度(即旁路流量),并向电磁阀发出占空比信号控制旁路流量。一般情况下,车速越高,转向阻力越小,电脑控制的电磁阀通电占空比越大,转向助力作用也越小;反之,使转向助力增强。

通常情况下,流量控制式 EPS 还设有转向角速度传感器,以便使电脑感知汽车急转弯或连续转弯工况,并对该工况实施较大助力增益控制,提高汽车的转向操纵性。

(2)丰田凌志轿车电控动力转向系统介绍。

丰田凌志轿车电控动力转向系统为流量控制式,丰田公司称之为 PPS。系统组成与工作原理如图 2-1-6 所示。

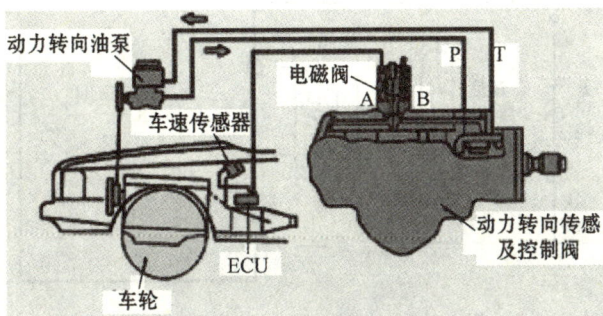

图 2-1-6 流量控制式 EPS 组成

旁路电磁阀安装在液压整体式动力转向器控制阀通向动力油缸左、右两腔的油道与回油道之间。当电磁阀开启时动力缸的高压油道就被旁路;车速信号改变电磁阀通电占空比,从而控制旁路流量,改变转向助力的增益倍率,使转向盘上获得的是转向力("路感")。车速越高时,电脑使流过电磁阀的平均电流越大,旁路流量越大,动力缸的助力作用越小,转向盘上的"路感"随之增大。旁路电磁阀是主要执行元件,其构造如图 2-1-7 所示。

旁路电磁阀主要由针阀弹簧和电磁线圈组成。当线圈通电时,针阀受磁力作用而升起,使阀打开;断电时,针阀受弹簧作用关闭。电磁阀的驱动信号由动力转向 ECU 提供,图 2-1-8 所示为固定频率的脉冲电流信号,其占空比随车速的提高而增大,使流过电磁线圈的平均电流增大,电磁阀的平均开度也随之增大,旁路分流量增加,助力油缸的加力作用减小。

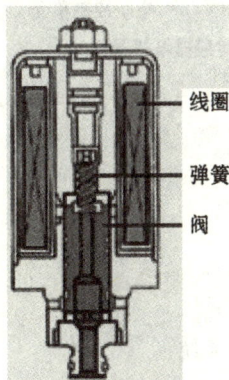

图 2-1-7 旁路电磁阀构造

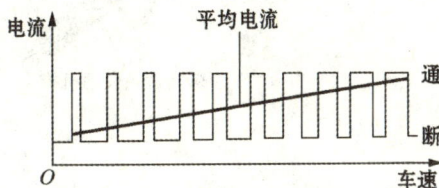

图 2-1-8 电流信号

当控制电路发生故障致使电磁阀不能通电时,旁通电磁阀将关闭,使系统处于最大转向助力状态——与普通液压助力系统一样。

动力转向 ECU 是 PPS 的核心控制元件。它根据车速传感器提供的车速信号,通过改变旁通电磁阀驱动信号占空比的方式调节转向力。凌志轿车电控 PPS 的电路如图 2-1-9 所示。

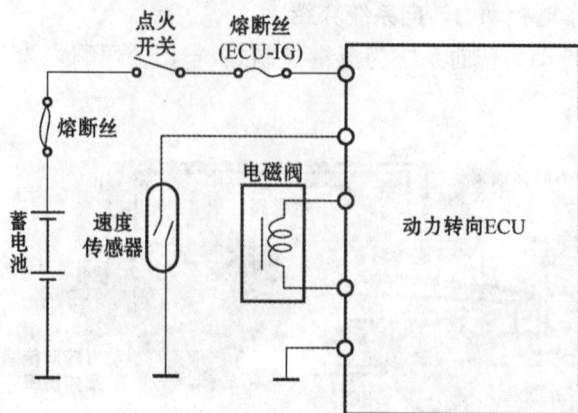

图 2-1-9　凌志轿车电控 PPS 的电路

其电路受点火开关控制,由电源电路、速度传感电路、电磁阀控制电路和搭铁电路组成,总体构成与工作原理都比较简单。

(3) 日产蓝鸟轿车电子控制动力转向系统介绍。

如图 2-1-10 所示为日产蓝鸟轿车使用的流量控制式动力转向系统。

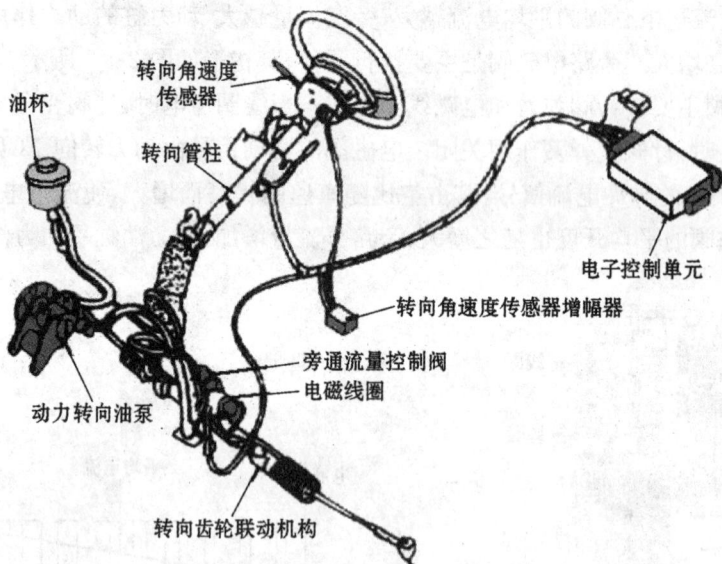

图 2-1-10　日产蓝鸟轿车动力转向系统

它是在一般齿条式液压动力转向系统的基础上增加旁通流量控制阀、车速传感器、转向盘转向角速度传感器及增幅器、电子控制单元和模式选择开关等构成的。其控制原理如图 2-1-11 所示。

电子控制单元根据车速传感器、转向角传感器和模式选择开关信号向旁通流量控制阀发出控制信号,调整动力转向器的供油旁路流量和压力,以获得适当的转向路感。

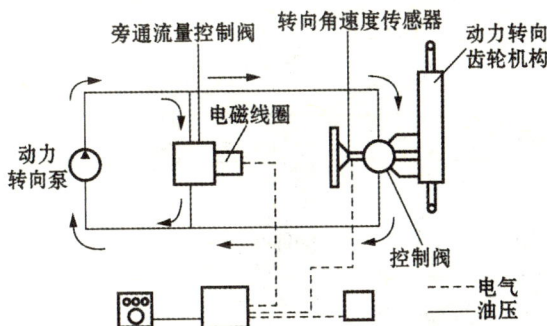

图 2-1-11　日产蓝鸟轿车动力转向系统原理

当车速增高时,电脑使分流阀的分流量增加,转向器的供油压力感小,动力转向助力油缸的助力作用(增益)减小,转向力增加,"路感"增强。在不同的行驶条件下,驾驶员还可以利用设在仪表板上的控制模式选择开关选择合适的控制模式。

另外,电子控制单元还可通过转向角速度传感器信号感知汽车的特殊转向工况,对汽车急转弯时的转向助力进行最优控制。日产蓝鸟轿车电子控制动力转向系统电路如图 2-1-12 所示。

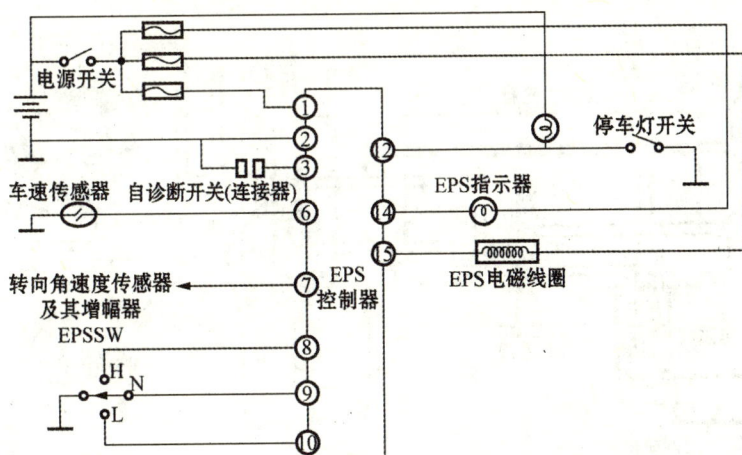

图 2-1-12　日产蓝鸟轿车电子控制动力转向系统电路图

3. 反力控制式 EPS

1) 系统组成与工作原理

反力控制式 EPS 的组成与工作原理如图 2-1-13 所示。系统主要由转向控制阀、分流阀及固定节流小孔、电磁阀、动力油缸、转向油泵、车速传感器和电子控制单元(ECU)等组成。它的主要结构特点是在转向控制转阀阀芯的前端加装了两对反向柱塞。

由于在转向控制阀的阀体与阀心间装有扭力弹簧,因此转向时施加在转向盘上的转向力使弹簧变形,使阀心与阀体发生相对角位移而改变油路,实现对转向加力的控制。此时,所需施加在转向盘上的转向力大小取决于扭转力弹簧所需力矩的大小。

2) 主要元件构造与工作原理

以丰田马克 2 型为例(图 2-1-14)。

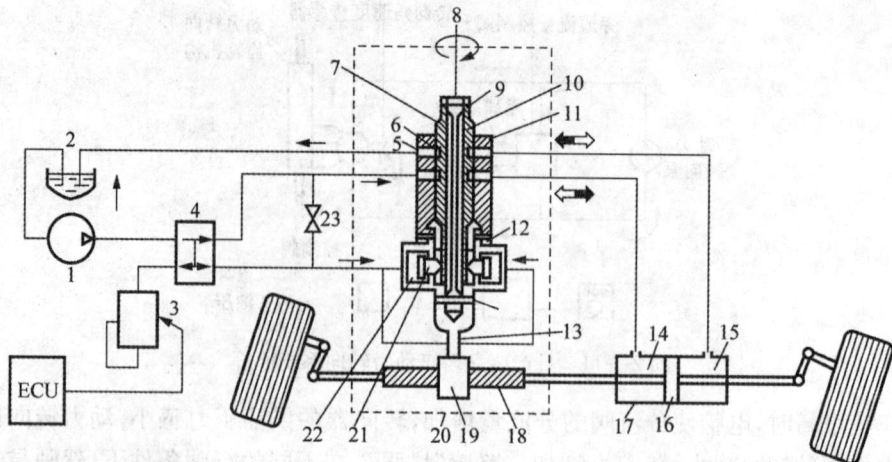

图 2-1-13　反力控制式 EPS 组成

1—油泵；2—油箱；3—电磁阀；4—分流阀；5、6—油孔；7—扭力弹簧；8—转向盘；9—销子；10—控制阀阀芯；11—控制阀阀体；12—销子；13—小齿轮轴；14—动力缸左室；15—动力缸右室；16—活塞；17—动力缸；18—齿条；19—小齿轮；20—转向器；21—反力柱塞；22—油压反力室；23—阻尼孔

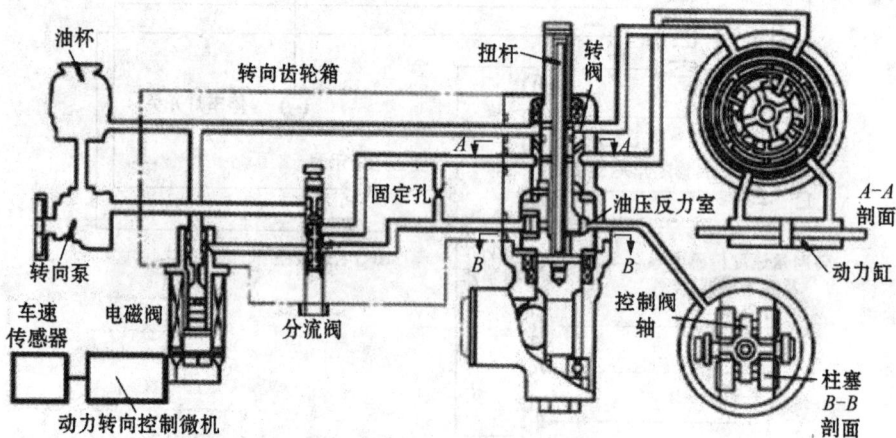

图 2-1-14　丰田马克 2 型车用反力控制式动力转向系结构图

（1）反向控制式动力转向阀的结构。反力柱塞和结构与作用情况如图 2-1-15 所示。

控制转阀阀心的前端制有"一"字形翼板用于承接反力柱塞的反力；油压反力室、反力柱塞与阀体和转向螺杆轴连为一体（如转向器机械部分为齿条式，则与转向小齿轮连为一体），柱塞外端受到由电磁阀调节的液压力，内端顶压在阀心的"一"字形翼板上，其压力可在阀心上形成力偶矩。当直行时，扭力弹簧弹力和对称布置的两对柱塞作用合力使阀心处于居中位置；当转向时，则有一对柱塞的反作用力附加作用在阀心上，相当于增加了扭力弹簧的刚度，使转向力增加。

（2）电磁阀。系统使用的电磁阀为一开关型电磁阀，受电脑提供的占空比脉冲信号控制，其开度与通过线圈的平均电流成线性关系。

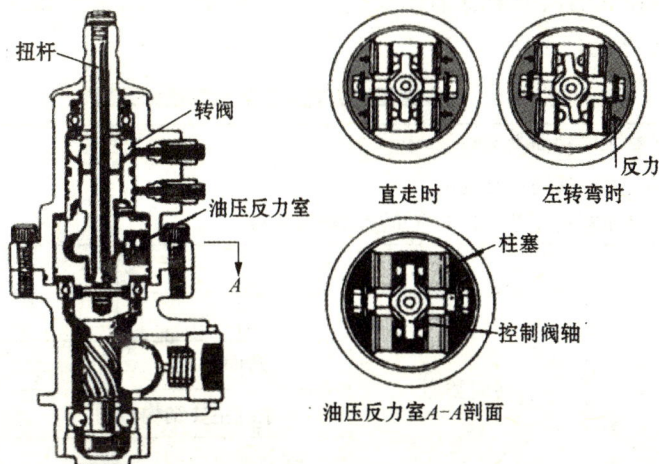

图 2-1-15　反力柱塞结构

（3）电子控制单元（ECU）。电子控制单元工作时 ECU 向电磁阀线圈发出固定频率的脉冲控制信号，并根据接受到车速传感器提供的车速信号的变化改变脉冲信号的占空比，使电磁阀的平均开度发生相应变化。ECU 向电磁阀输出电流平均值随车速的变化特性如图2-1-16 所示。

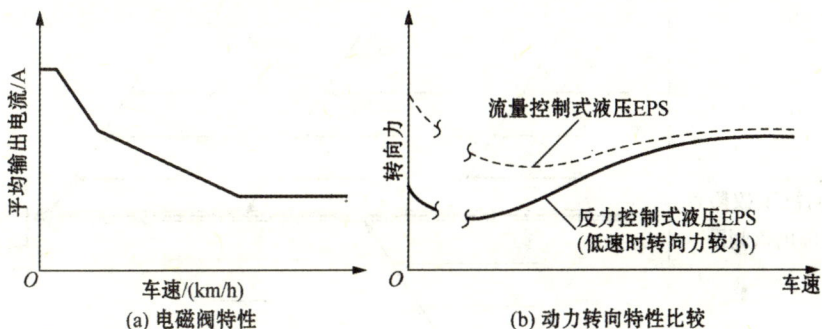

图 2-1-16　电磁阀输出电流特性

（4）分流阀与固定节流小孔。分流阀在系统工作时根据动力转向油泵的输出油压，按一定比例向反力柱塞的作用力增大而使扭力弹簧的等效刚度增加，控制阀开度减小，从而使控制阀进口一侧的油压较高。此时从固定节流小孔流向反力柱塞一侧的流量将有所增加。在分流阀提供的液压油流量油压的基础上进一步增大了反力柱塞的背压力，使高速转向"路感"进一步增强。

反力控制式 EPS 在电控装置失效而使电磁阀上无控制信号时，将会保持最大的转向"路感"使低速转向时方向较为沉重。反力控制式动力转向系统的主要优点是可以在较大车速范围内获得良好的转向"路感"。但其主要缺点是结构复杂，价格相对较高。

三、制订检修计划

一辆 2002 款一汽丰田花冠汽车在行驶中，发现汽车转向时很沉重，进入维修厂进行维修。查阅车辆转向系统的类型信息描述及结构组成等,制订汽车液压助力转向沉重故障的检修计划如表 2-1-3 所示。

表 2-1-3 汽车液压助力转向沉重故障检修计划

1. 查阅维修资料,了解车辆转向类型特点
2. 查阅维修手册,熟悉车辆转向检修规范
3. 查阅技术通报,熟练车辆液压助力转向沉重故障检修流程

1. 车辆信息描述	车 辆 描 述		
	转向类型	转向液	
		转向器	
		转向系统主要结构	
		转向系统类型	
2. 车辆转向故障现象描述			
3. 汽车转向沉重故障原因分析,画出鱼刺图			
4. 汽车转向沉重故障检修工作准备			

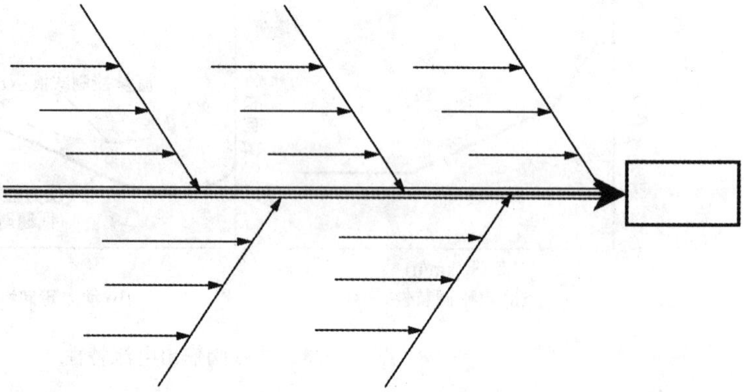

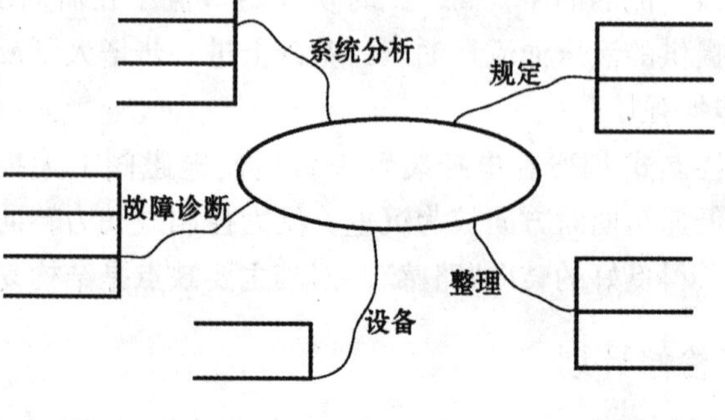

（续表）

	步骤	检修项目	操作要领	技术要求或标准	检修记录
5. 汽车液压助力转向沉重故障检修流程					

四、实施维修作业

汽车液压助力转向沉重故障的检修作业如表 2-1-4 所示。

表 2-1-4　汽车液压助力转向沉重检修作业

1. 根据"汽车液压助力转向沉重故障原因分析"和"汽车液压助力转向沉重故障检修流程"，结合车辆实际情况，从简单到复杂、从外到里、从不拆到拆等故障诊断与排除原则，逐个收集相应检修规范等信息，并制相应检修计划
2. 按检修规范和检修计划，逐步进行检修训练，最终排除故障

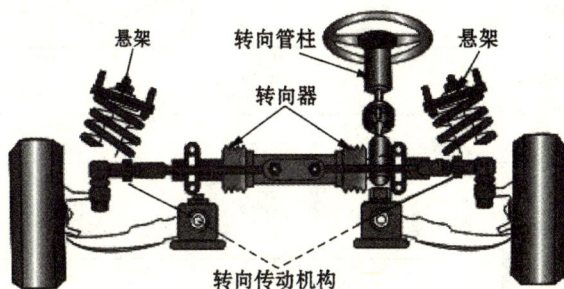

悬架　转向管柱　悬架
转向器
转向传动机构

笔记

检查步骤	检修项目	操 作 要 领	检修记录
汽车转向外部检查	转向器状态	1. 转向器是否不能传递动力 2. 转向器内部是否有噪声。噪声可能是由于损坏的内部零件造成的 3. 转向柱是否弯曲或转向柱管是否凹陷	
	转向传动机构	1. 转向各胶套、轴套是否破损 2. 横拉杆是否弯曲 3. 悬架支柱变形是否过大或转向臂变形是否过大	
	润滑油	1. 转向传动横拉杆球铰配合是否润滑不良 2. 转向器润滑不良	
	转向液量的检查	1. 保持转向轮与地面接触,在发动机维持怠速转动(约 1 000r/min)条件下,将转向盘反复从一侧极限位置转至另一侧极限位置,使液压油的温度升至 323~353K 2. 通过观察如看到低于 LO 线时,说明转向液不足。若看到高于 HI 线时,说明转向液过量 3. 检查各装置在过接处和接缝是否有油污,若有表明该处有转向液泄漏,应重新紧固或更换零件 4. 检查各部位确无泄漏后,若需补给液压油,按原厂规定牌号补给液压油	

检查步骤	如果对汽车转向外部检查是正常的,则需要进一步对汽车转向系统进行检漏。如果发现泄漏,则需要加转向油		
汽车转向系统检漏	检查对象	检 查 要 领	检查记录
	转向油罐		
	转向液压泵		
	流量控制阀		
	管道的连接部位		
汽车转向系统其他方面检查	油泵驱动皮带		
	转向器轴承预紧度啮合间隙		
	液压回路中是否有空气		

（续表）

	转向器的功能是将转向盘的转动变为齿条轴的直线运动或转向摇臂的摆动,降低运动速度,增大转向力矩并改变转向力矩的传动方向。转向器是转向系统中的减速传动装置广泛采用的有齿轮齿条式、循环球式和蜗杆曲柄指销式等几种		
	检修项目	操作要领	示意图（或步骤）
汽车转向器的检修	动力转向器的拆装	1. 吸出系统内的油液,拆开压力油管和回油管 2. 从转向齿轮上拆开法兰套管 3. 拆下横拉杆内端的内、外托架,并从托架上拆下横拉杆 4. 从车身上拆下转向器安装螺栓,转动前轮至右极限位置,从右轮让开的空隙中取出动力转向器总成	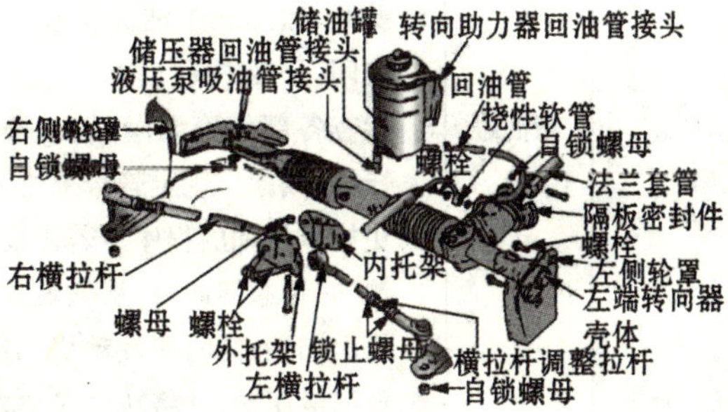
	转向器壳体的检修	动力转向器一般不允许分解。转向器壳体如右图所示,如使用中有渗漏,更换相应部位密封件或紧固相关部位螺纹件。带限定孔的螺栓不要与其他螺栓搞混,其端部有冲压标记,紧固力矩为 20N·m,自锁螺栓紧固力矩为 10N·m,螺栓紧固力矩为 20N·m	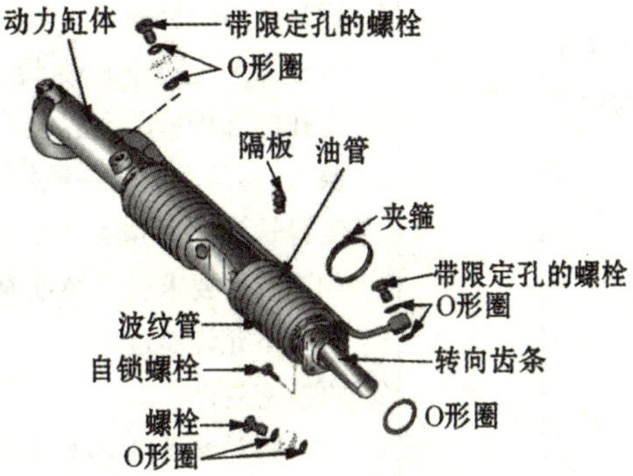
	转向器齿轮壳的维修	动力转向器内部密封件损坏时,必须分解后才能更换。转向器齿轮壳总成零件分解和安装可参照右图进行。但应注意:密封圈应用专用工具从阀体中压出,用专用工具装入;密封圈用专用工具 1/4 取出,用专用工具压入;螺栓的紧固力矩均为 20N·m	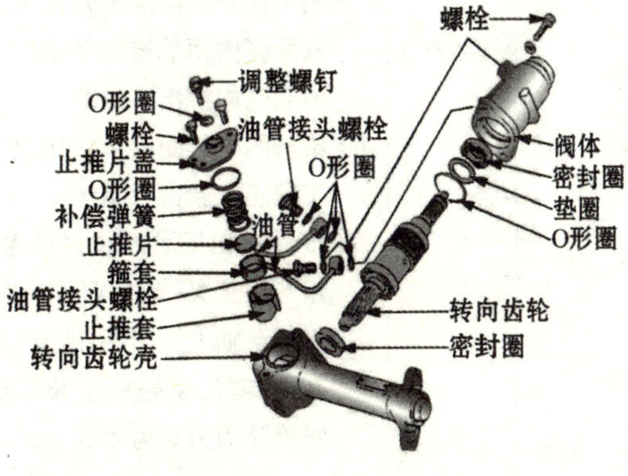

笔记

(续表)

检修项目		操作要领	示意图(或步骤)
汽车转向器的检修	储油罐	1. 保持转向轮与地面接触,在发动机维持怠速转动 1 000r/min 条件下,将转向盘反复从一侧极限位置转至另一侧极限位置,使液压油的温度升至 323~353K 2. 此时,储油罐中油面应在上下限标线之间,且油中无气泡 3. 检查各部位确无泄漏后,若需补给液压油,按原厂规定牌号补给液压油 4. 更换液压油的程序。若需要更换液压油,先顶起转向桥,从储液罐及回油管排出旧油;同时使发动机怠速运转,排放旧液压油;并将转向盘向左、向右反复转到极限位置,直至旧液压油排尽后 1~2s,再加注新液压油	加油口盖 滤油器 回油管接头 螺栓(7N·m) 储油罐 支架 回油管 油泵吸油管 回油管接头
	液压泵的维修	1. 输油压力的检查 从液压泵上拆下出油管,用油管带限定孔的螺栓将压力表的软管连接到油泵上,起动发动机并维持怠速,压力表测得输油压力应为 14.5~16.5MPa,如不满足要求应更换油泵。注意测试时间不允许超过 10s 2. 更换密封件 (1) 在前、后泵壳上做好装配标记,拆下连接螺栓和垫片,分开前、后泵壳 (2) 拆下 O 形圈 (3) 用工具和使法兰脱开泵油 (4) 从泵壳内用手推出泵油,并用工具从前泵壳内拆出密封圈 (5) 给新的密封圈涂上多用途润滑脂,用工具压入新密封圈 (6) 按拆卸相反顺序装好油泵,但注意:用专用工具,和 VW412 将三角法兰压到泵轴上并压平;所有 O 形圈更换新件;前后泵壳对正装配记号,连接螺栓紧固力矩为 40N·m	

（续表）

	检修项目	操作要领	示意图（或步骤）
汽车转向器的检修	安装动力转向器	按拆卸相反顺序进行,但应注意以下几点: (1) 横拉杆外托架应更换新件。为使横拉杆安装方便,先在转向器上安装一个横拉杆并紧固,然后再安装另一个横拉杆 (2) 右图中,自锁螺母和紧固力矩为 25N·m,自锁螺母紧固力矩为 50N·m,螺母和螺栓紧固力矩为 40N·m,螺栓紧固力矩为 20N·m,锁止螺母紧固力矩为 60N·m (3) 安装动力转向器后,应加注规定的油液,并排除系统内空气,检查系统的密封性	
	动力转向系统空气排除	起动发动机维持怠速运转,使转向盘在左、右两极限位置之间来回转动,直到储油罐内油面在规定位置(标记)处而且无气泡冒出为止。然后关闭发动机,并检查储液罐油面高度,其上升位置不应超过标记9.5mm	
	动力转向系统密封性检查	起动发动机维持怠速运转,转动转向盘至一极限位置并定位,检查各部位有无渗漏,根据具体情况紧固连接件,更换密封件	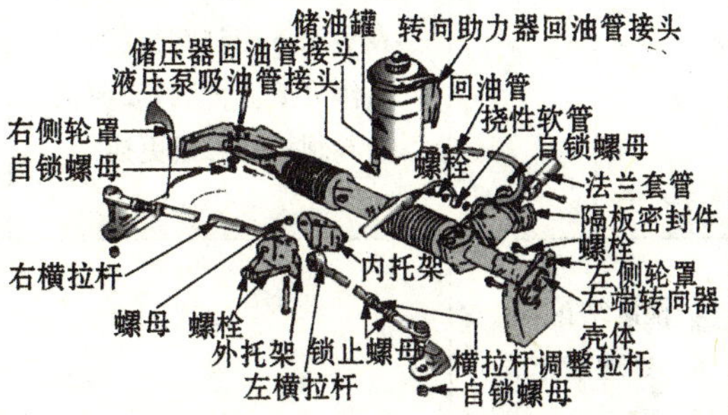

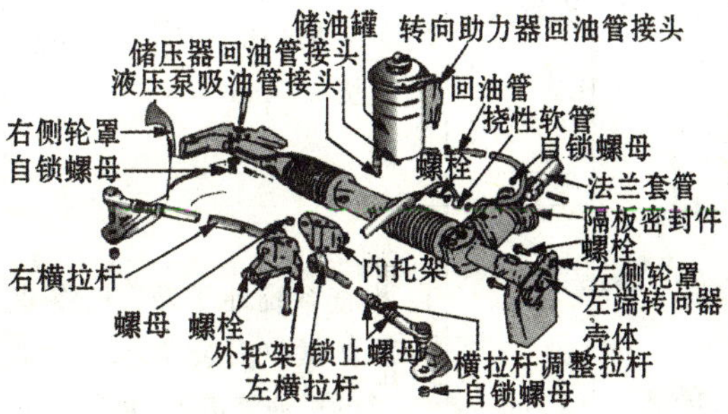

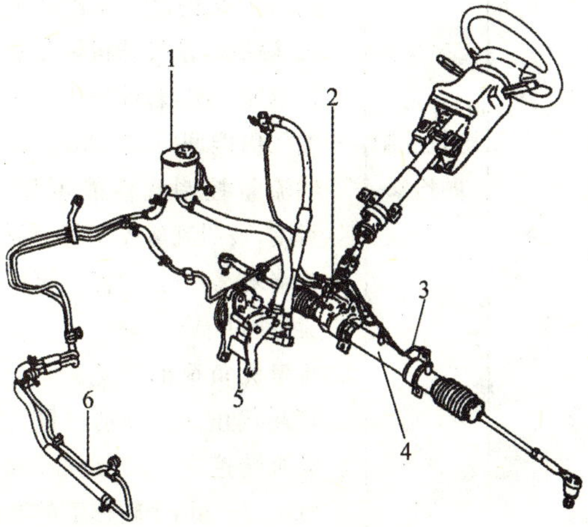

笔记

检修项目	操作要领	示意图（或步骤）
检查调整转向油泵皮带张力	以原厂规定的压力（约 98N），在皮带中部按下皮带，皮带的挠度应符合原厂规定，一般新皮带的挠度约为 7～9mm，在用皮带挠度约在 10～12mm 范围内取 9.5mm	 定子环　转子　泵体　叶片　吸油口　压油口
转向油泵检修　流量控制阀检修	1. 检查系统油压降。仍将油压测试仪安装在动力转向器的进油管道上，使发动机处于稳定的急速工况。用截止阀开度调整油压表，指示油压为 3MPa。转向盘不动，在急速范围内急加速，指示压力应随发动机转速的增大而提高。突然放松加速踏板，使发动机恢复稳定急速工况，若油压表指示油压仍能回复到 3MPa，说明流量控制阀性能可靠。否则，表明流量控制阀卡死或堵塞，需进行检修或更换流量控制阀 2. 流量无负荷油压差。完全打开截止阀。分别测量发动机转速在 1 000r/min 和 3 000r/min 两个转速下的油压，若油压差小于 0.49MPa，表明流量控制阀性能良好，动作灵活。否则，表明流量控制阀需检修或更换	 储油罐　叶片　前配油盘壳体　驱动轴　定子　后配油盘　后盖　弹簧　出油腔　转子　进油腔　钢球　弹簧　出油口　管接头　主量孔　油道　阀杆　弹簧　柱塞
检修结论与处理措施		

笔记

五、检验评估

项目二任务 2.1 的检验评估如表 2-1-5 所示。

表 2-1-5　检验评估

检验与评价内容	检 验 指 标	权重	自评	互评	总评
维修质量检验	动力转向系装配完毕后,应进行油量、油压试验,排除系统内的空气,调整转向油泵皮带紧度等作业,以保证动力转向系有良好的工作性能。无动力转向系试验台,可进行就车试验	4			
检查任务完成情况	1. 能描述汽车转向系统主要部件的作用与原理 2. 在小组所扮演的角色,对完成任务过程中所起的作用	3			
职业素养	1. 学习态度:积极主动参与学习	3			
	2. 团队合作:与小组成员一起分工合作,不影响学习进度				
	3. 现场管理:服从工位安排、执行实训室"5S"管理规定				
综合评议与建议					

任务2.2 诊断与排除汽车转向盘自由行程过大故障

任务描述	本任务通过检修转向系统主要部件来排除汽车转向盘自由行程过大故障
任务目标	1. 理解汽车转向系统的结构及工作原理 2. 掌握汽车转向系统主要部件的结构原理和检修规范,会进行相关检修作业 3. 会排除汽车转向盘自由行程过大故障,并按规范进行维修质量检验

一、维修接待

按照表2-2-1完成任务2.2待修车辆的维修接待与接车问诊表。

表2-2-1 任务2.2维修接待与接车问诊表

1. 通过询问客户了解转向系发生故障情况,填写接车问诊表
2. 车间检测初步确认结果及主要故障零部件

接 车 问 诊 表

车牌号:＿＿＿＿＿＿＿　　车架号:＿＿＿＿＿＿＿　　行驶里程:＿＿＿＿＿＿＿(km)

用户名:＿＿＿＿＿＿＿　　电　话:＿＿＿＿＿＿＿　　来店时间:＿＿＿＿/＿＿＿＿

用户陈述及故障发生时的状况:**一辆2002款一汽丰田花冠汽车在行驶中,发现汽车转向时自由行程过大,进入维修厂进行维修**

故障发生状况提示:**行驶速度、发动机状态、发生频率、发生时间、部位、天气、路面状况、声音描述**

接车员检测确认建议:**需进行拆检维修**

车间检测确认结果及主要故障零部件:**需进行转向系的外部检查、检漏,必要时需更换相应部件**

车间检查确认者:＿＿＿＿＿＿＿

外观确认:

（请在有缺陷部位作标识）

功能确认:（工作正常√　不正常×）
□音响系统　　□门锁(防盗器)　□全车灯光　　□工具
□后视镜　　　□顶窗　　　　　□座椅　　　　□点烟器
□玻璃升降器　□玻璃

物品确认:（有√　无×）
□贵重物品提示
□工具　□备胎　□灭火器
□其他(　　　　　　　　)
旧件是否交还用户　□是　　□否
用户是否需要洗车　□是　　□否

- 检测费说明:本次检测的故障如用户在本店维修,检测费包含在修理费用内;如用户不在本店维修,请您支付检测费。本次检测费:¥＿＿＿＿元。
- 贵重物品:在将车辆交给我店检查修理前,已提示将车内贵重物品自行收起并保存好,如有遗失恕不负责。

接车员:＿＿＿＿＿＿＿　　　　用户确认:＿＿＿＿＿＿＿

笔记

二、信息收集与处理

按照表 2-2-2 完成任务 2.2 的信息收集与处理。

表 2-2-2　信息收集与处理

1. 齿轮齿条式转向器的结构、原理：_____
2. 循环球式转向器结构、原理：_____
3. 蜗轮蜗杆式转向器的结构、原理：_____
4. 转向操纵机构的构造、原理：_____
5. 转向传动机构的功用：_____
6. 转向横拉杆的功用：_____
7. 安全操作注意事项：_____

1. 转向操纵机构

操纵机构有方向盘又称转向盘，在空转阶段中的角行程称为自由行程。单从转向操纵灵敏而言，方向盘的转动和转向轮的偏转应同步开始并同步终止，然而实际是不可能的，也不要求这样。一是因为在整个转向系中各传动件之间都必然存在着装配间隙，而且这些间隙将随着使用过程中的零件磨损而增大。方向盘的自由行程就是用以消除各传动件之间的间隙；二是方向盘的自由行程对缓和路面对转向轮的冲击、减轻驾驶员的过度紧张是有利的。但方向盘的自由行程不宜过大，以免影响转向操纵的灵敏性。

转向操纵机构如图 2-2-1 所示，它由转向盘、转向轴、转向管柱等组成，它的作用是将驾驶员转动转向盘的操纵力传给转向器。汽车机械转向系由转向操纵机构、机械转向器和转向传动机构三大部分组成。机械转向系以驾驶员的体力作为转向能源，其所有传动件都是机械的。

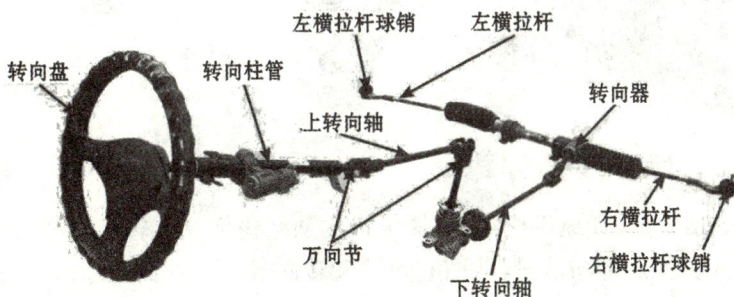

图 2-2-1　转向操纵机构

1）方向盘（舵轮）

为了使司机有很好的视野，方向盘上部的空间一般较大。转向盘如图 2-2-2 所示，它主要由轮圈、轮辐和轮毂组成。

2）转向柱管与转向轴

转向柱管安装在车身上，支承着转向盘。转向轴从转向柱管中穿过，支承在柱管内的轴

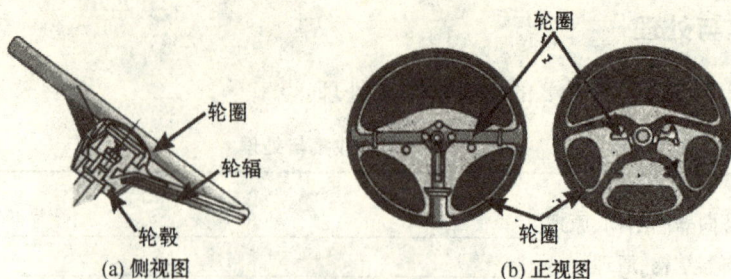

图 2-2-2　转向盘构造

承和衬套上,是连接转向盘和转向器的传动件,并传递它们之间的转矩。

3) 撞车安全保护装置

为保护驾驶员的安全,汽车转向操纵机构中常采用以下几种安全保护措施:

(1) 吸能式转向盘:在撞车时,转向盘骨架产生变形(图 2-2-3)以吸收能量,减轻驾驶员受伤的程度。另外,转向盘柔软的外表面也有缓冲保护作用。

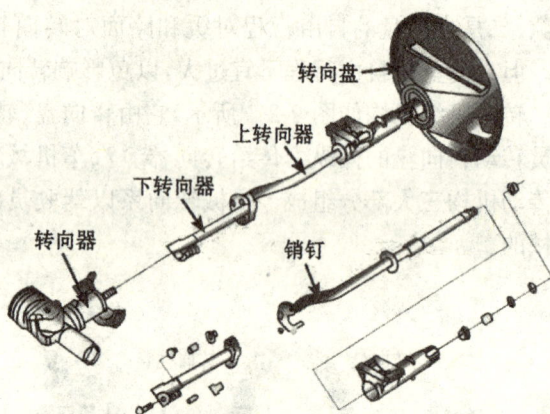

(2) 可分离式安全转向操纵机构:该机构的转向轴分为上、下两段,当发生撞车时,上、下两段互相分离或互相滑动,从而避免在第一次冲击时转向盘随车身后移对驾驶员造成的伤害。如图 2-2-4 所示。

图 2-2-3　吸能式转向盘骨架变形示意图　　　图 2-2-4　可分离式安全转向操纵机构

(3) 缓冲吸能式转向操纵机构:这种操纵机构从结构上能使转向轴和转向管柱在受到冲击后,轴向收缩并吸收冲击能量,从而有效缓和转向盘对驾驶员的冲击,减轻驾驶员所受伤害的程度。按其结构不同又可分为:网格状转向管柱(图 2-2-5)、波纹管变形吸能装置(图 2-2-6)和钢球滚压变形吸能装置(图 2-2-7)。

2. 转向传动机构

1) 转向传动机构功用

转向传动机构的功用是将转向器输出的力和运动传给转向桥两侧的转向节,使两侧转向轮偏转,并使两转向轮偏转角按一定关系变化,以保证汽车转向时车轮与地面的相对滑动尽可能小。

笔记

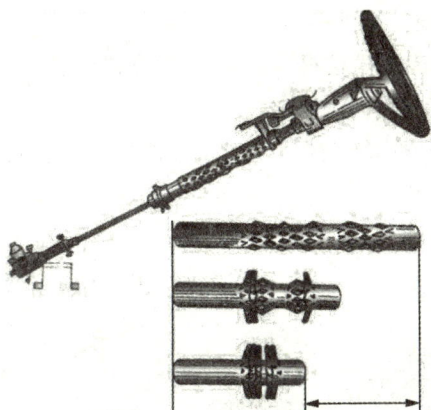

图 2-2-5　网格状转向管柱吸能装置

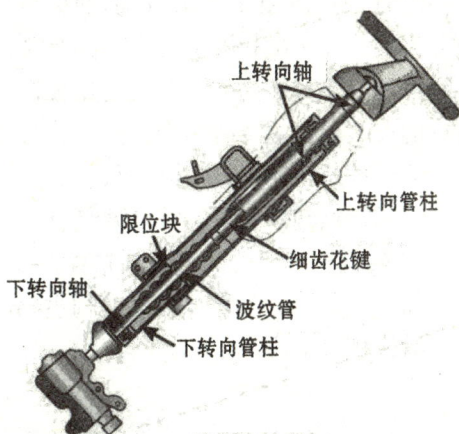

图 2-2-6　波纹管变形吸能装置

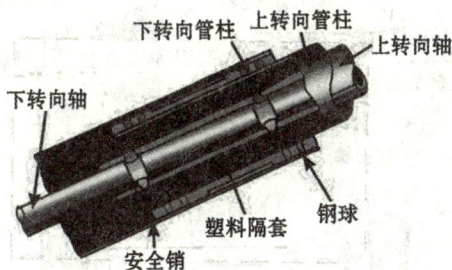

图 2-2-7　钢球滚压变形吸能装置

2）转向传动机构构造

转向传动机构构造如图 2-2-8 所示,转向传动机机构由连杆机构和转向节等零件组成,将转向器提供转向意志体现在车轮的偏转上。

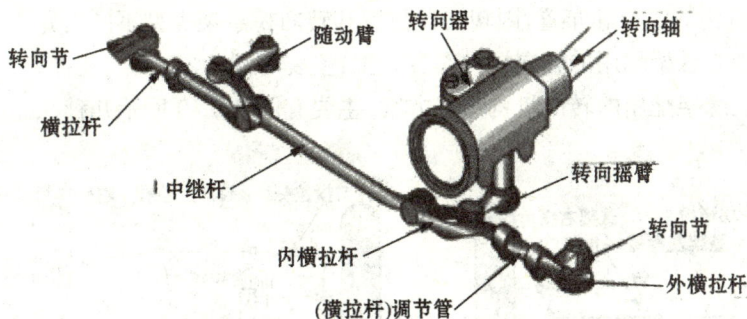

图 2-2-8　转向传动机构构造

转向器带动转向摇臂沿圆弧(左右来回地)摆动,使中间拉杆也左右移动。随动臂与车架铰接,便于转向传动机构的支撑。中间拉杆两端分别与两根横拉杆相联。当中间拉杆左

笔记

右移动时,两根横拉杆跟着移动;而横拉杆与转向节通过球头铰连接,这样就带动转向节使车轮偏转。每个横拉杆上均带有调节管,可用于调整横拉杆的有效长度。

齿轮齿条式转向器传动机构比较简单,直接采用转向横拉杆与转向节臂连接。转向横拉杆的安装位置主要有两个:外接托架式和与转向齿条直连接式。

循环球式转向器(或其他形式)的转向连杆机构一般由转向摇臂、转向直拉杆、转向横拉杆、转向节臂、转向梯形臂等零件组成。

3) 转向传动机构的组成与布置方式

如图 2-2-9 所示,转向传动机构主要由转向摇臂、转向直拉杆、转向节臂、转向梯形臂和转向横拉杆等组成。

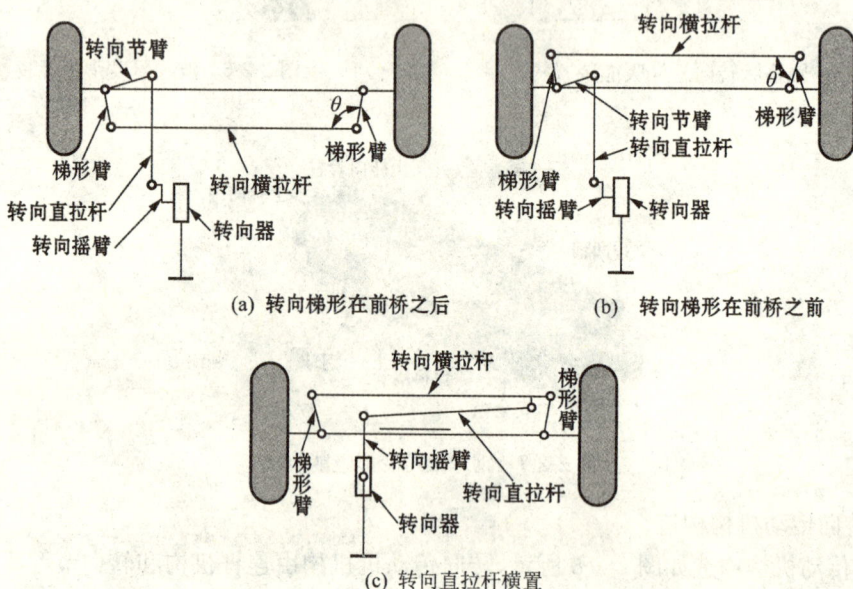

(a) 转向梯形在前桥之后　　(b) 转向梯形在前桥之前

(c) 转向直拉杆横置

图 2-2-9　转向传动机构的组成与布置方式

转向传动机构的组成和布置,因转向器位置和转向桥悬架类型不同而异。

(1) 与非独立悬架配用的转向机构布置方案:主要有图 2-2-9 所示几种。

(2) 与独立悬架配用的转向机构布置方案:主要有图 2-2-10 所示几种。

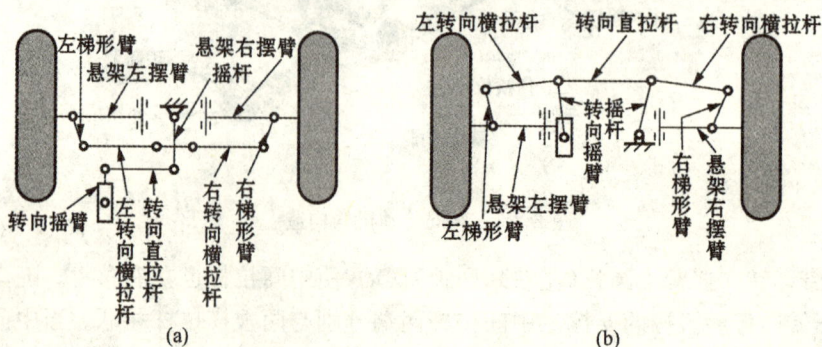

(a)　　　　　　　　　　(b)

笔记

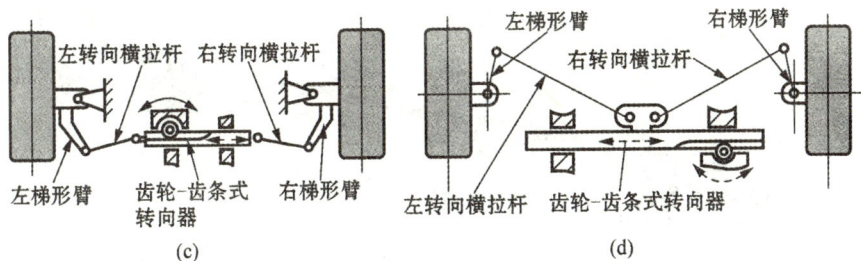

图 2-2-10　与独立悬架配用的转向机构布置方案

2. 转向传动机构零部件结构

（1）转向摇臂：其作用是把转向器输出的力和运动传给直拉杆。转向摇臂的典型结构如图 2-2-11 所示。

（2）转向直拉杆：其作用是将转向摇臂传来的力和运动传给转向梯形臂或转向节臂。结构如图 2-2-12 所示。

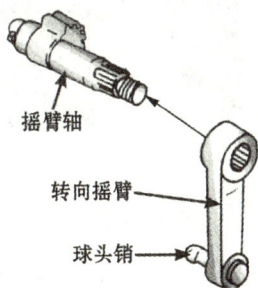

图 2-2-11　转向摇臂

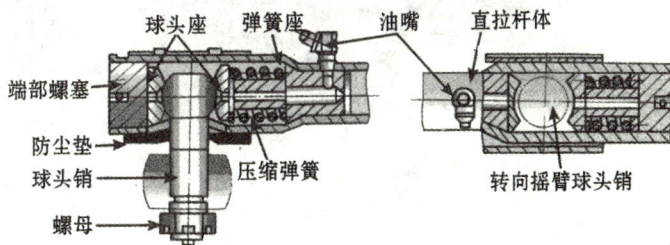

图 2-2-12　转向直拉杆接头

4）转向横拉杆

它是联系左、右梯形臂并使其协调工作的连接杆。图 2-2-13(a)所示为一种转向横拉杆结构图。

转向横拉杆由横拉杆体和两端的横拉杆接头组成。两端接头为球头座——球头销结构，其上有压紧弹簧和调节螺塞(图 2-2-13(b))。球头座分上、下两部分(图 2-2-13(c))。

5）转向减振器

随着汽车车速的不断提高，现代汽车的转向轮有时会产生摆振，即转向轮绕主销轴线往复摆动，进而引起整车车身的振动，大大影响了汽车行驶的稳定性和舒适性，加剧了前轮轮胎的磨损。为此，越来越多的高速汽车转向传动机构中安装了转向减振器，如图 2-2-14 所示。

转向减振器一端与车身或前桥铰接，另一端与转向直拉杆或转向器铰连。

6）转向节及其部件

转向节如图 2-2-15 所示，转向节上安装车轮及制动器，通过转向节主销与转向桥连接，在转向机构的操纵下，保证转向节与转向轮整体偏转，达到汽车转向的目的。该机构主要由转向节、转向节主销、转向节主销衬套组成。

横拉杆接头

横拉杆体

夹紧螺栓

(a) 转向横拉杆

开口销
槽形螺母
防尘垫座
防尘垫
防尘罩
球头座
螺塞
限位销

球头销

横拉杆接头

弹簧　弹簧座

(b) 接头

(c) 球头座

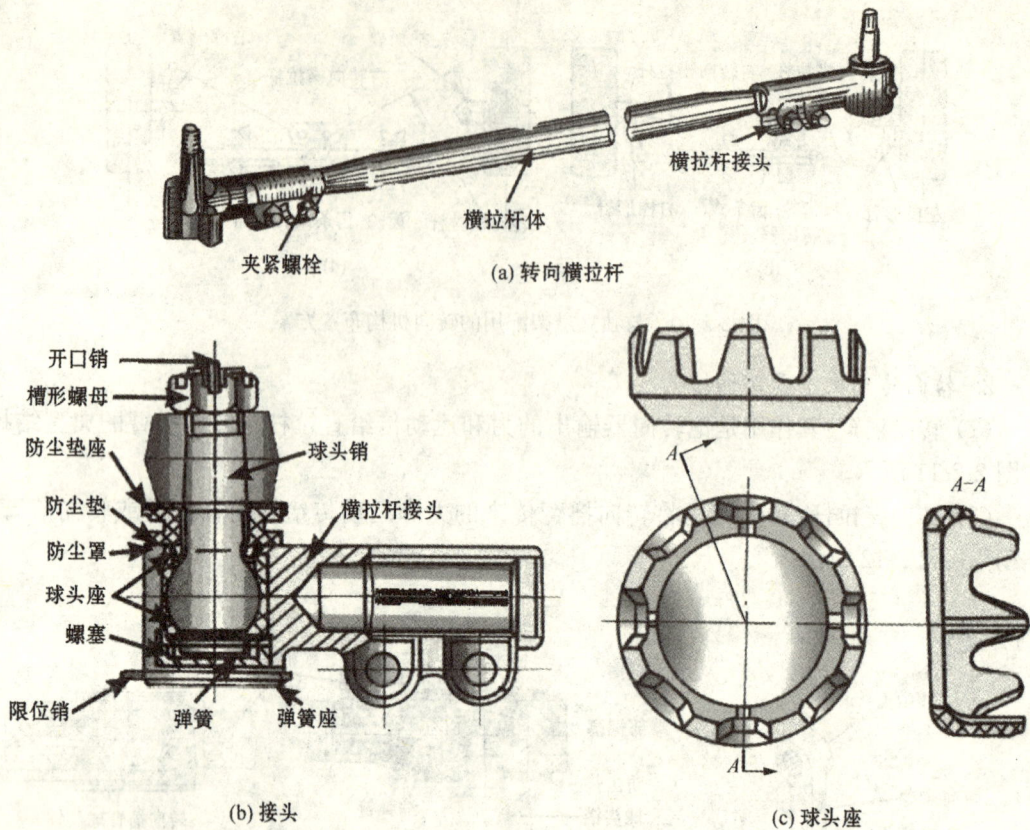

图 2-2-13　转向横拉杆

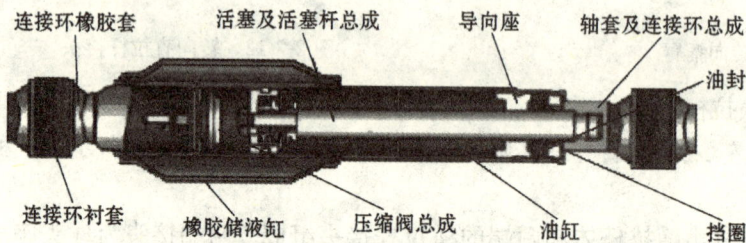

连接环橡胶套　　活塞及活塞杆总成　　导向座　　轴套及连接环总成

油封

连接环衬套　　橡胶储液缸　　压缩阀总成　　油缸　　挡圈

图 2-2-14　转向减振器构造

图 2-2-15　转向节

三、制订检修计划

一辆 2002 款一汽丰田花冠汽车在行驶中,发现汽车转向时自由行程过大,进入维修厂进行维修。查阅车辆转向系统的类型信息描述及结构组成等,制订汽车转向时自由行程过大故障的检修计划如表 2-2-3 所示。

表 2-2-3 汽车转向时自由行程过大故障的检修计划

1. 查阅维修资料,了解车辆转向类型特点				
2. 查阅维修手册,熟悉车辆转向检修规范				
3. 查阅技术通报,熟练车辆转向盘自由行程过大故障检修流程				
1. 车辆信息描述	车　辆　描　述			
	转向类型	转向液		
		转向器油		
		转向系统主要结构		
		转向系统类型		
2. 故障检查	步骤	操作要领	示意图	
	1			
	2			
	3			
	4			
	5			
	6			
3. 汽车转向盘自由行程过大原因分析,画出鱼刺图				
4. 汽车转向盘自由行程过大故障检修工作准备	系统分析　规定 故障诊断 设备　整理			

笔 记

（续表）

步骤	检修项目	操作要领	技术要求或标准	检修记录
5. 汽车转向盘自由行程过大故障检修流程				

四、实施维修作业

汽车转向时自由行程过大的检修作业如表 2-2-4 所示。

表 2-2-4　自由行程过大的检修作业

收集汽车转向系统检修相关信息，制订汽车转向主要部件的检修规范，并实施维修作业
方向盘自由间隙是指转向轮在直线行驶位置时，转向盘的空转角度。由于转向系各传动件之间不可避免地存在着装配间隙，并且这些间隙将随着零件的磨损而增大。因此，在转动转向盘时，首先必须消除各种配合间隙后才能带动转向轮转动，也就是说，转向盘必须首先空转一个角度后，转向轮才会偏转

| 方向盘自由间隙的检查 | 方向盘自由间隙的检查应采取分段式检查的方法，逐一进行分析：
(1) 由一人抓紧转向垂臂，另一人转动方向盘，若自由转角大，则表明方向器松旷，应予调整。否则继续检查
(2) 由一人转动方向盘，另一人观察转向传动机构各球头销是否松旷，如松旷时应进行调整或拆除，更换磨损件，否则继续检查
(3) 用千斤顶或汽车提升机使前轮离开地面。在垂直方向摇动转向轮，如有松旷则为主销与衬套间隙过大，应予修复；在横向摇动转向轮，如有松旷则为轮毂轴承间隙过大，应予调整 |
| | 检查内容 / 操作要领 / 检修记录 |

（续表）

检修横拉杆	（1）若齿条运动而横拉杆不动,应更换缓冲衬套,并检查连接情况 （2）横拉杆运动而转向臂不动,应对横拉杆外端球头销进行检修与调整 （3）若转向臂能随之灵活摆动,可晃动前轮检查轮毂轴承是否松旷		
	检查内容	操 作 要 领	检修记录
检修球铰磨损	检查前轮毂轴承是否松动,若太松,应拆下前轮毂检查轴承是否损坏,若磨损严重应换新。然后装上轮毂,重新调整轴承间隙		
	检查内容	操 作 要 领	检修记录
检修齿轮与齿条啮合间隙	（1）检查方向盘紧固螺母、配合花键有无松动,并及时拧紧修复 （2）检查球接头配合间隙是否过大,查明间隙过大的原因,然后重新调整,若部件磨损严重或损坏应换新 （3）检查转向器内齿杆齿条的配合间隙是否过大,若过大,必须重新调整		
	检查内容	操 作 要 领	检修记录
检修结论			

五、检验评估

项目二任务 2.2 的检验评估如表 2-2-5 所示。

表 2-2-5 检验评估

检验与评价内容	检 验 指 标	权重	自评	互评	总评
维修质量检验	转向盘自由行程正常	4			
检查任务完成情况	1. 能描述汽车转向主要部件的作用与原理 2. 在小组完成任务过程中所起的作用	3			
职业素养	1. 学习态度:积极主动参与学习 2. 团队合作:与小组成员一起分工合作,不影响学习进度 3. 现场管理:服从工位安排、执行实训室"5S"管理规定	3			
综合评议与建议					

笔记

任务2.3　诊断与排除汽车电动助力转向沉重故障

任务描述	通过任务2.1、2.2学习了排除转向操纵不稳定的方面的故障,但对其他车检验过程中仍有动力电动助力转向沉重故障,需进行诊断和排除
任务目标	1. 理解汽车电动动力转向系统的结构及工作原理,能分析电动助力转向沉重的原因 2. 掌握汽车动力转向系统的规范,会进行相关检修作业 3. 会排除汽车电动助力转向沉重故障,并按规范进行维修质量检验

一、维修接待

按照表2-3-1完成任务2.3待修车辆的维修接待与接车问诊表。

表2-3-1　任务2.3维修接待与接车问诊表

1. 通过询问客户了解转向系发生故障情况,填写接车问诊表
2. 车间检测初步确认结果及主要故障零部件

接车问诊表

车牌号:＿＿＿＿＿　车架号:＿＿＿＿＿　行驶里程:＿＿＿＿＿(km)

用户名:＿＿＿＿＿　电　话:＿＿＿＿＿　来店时间:＿＿＿/＿＿＿

用户陈述及故障发生时的状况:**一辆2009款一汽丰田花冠汽车在行驶中,发现汽车转向时很沉重,进入维修厂进行维修**

故障发生时的状况提示:**行驶速度、发动机状态、发生频率、发生时间、部位、天气、路面状况、声音描述**

接车员检测确认建议:**需进行拆检维修**

车间检测确认结果及主要故障零部件:**需进行转向系的外部检查、检漏,必要时需更换相应部件**

车间检查确认者:＿＿＿＿＿

外观确认:

（请在有缺陷部位作标识）

功能确认:(工作正常√　不正常×)
□音响系统　□门锁(防盗器)　□全车灯光　□工具
□后视镜　□顶窗　□座椅　□点烟器
□玻璃升降器　□玻璃

物品确认:(有√　无×)
□贵重物品提示
□工具　□备胎　□灭火器
□其他(　　　　)
旧件是否交还用户　□是　□否
用户是否需要洗车　□是　□否

· 检测费说明:本次检测的故障如用户在本店维修,检测费包含在修理费用内;如用户不在本店维修,请您支付检测费。本次检测费:￥＿＿＿＿元。
· 贵重物品:在将车辆交给我店检查修理前,已提示将车内贵重物品自行收起并保存好,如有遗失恕不负责。

接车员:＿＿＿＿＿　　　用户确认:＿＿＿＿＿

二、信息收集与处理

按照表 2-3-2 完成任务 2.3 的信息收集与处理。

表 2-3-2　信息收集与处理

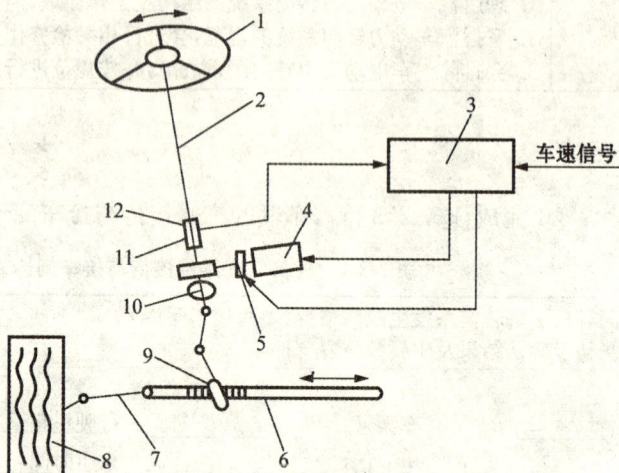

序号	部件名称	作　用
1		
2		
3		
4		
5		
6		
7		
8		
9		
10		
11		
12		

1. 汽车动力转向系统类型：＿＿＿＿＿＿＿＿＿＿＿＿＿＿＿＿＿＿＿

2. 汽车液压动力转向装置的构造和原理：＿＿＿＿＿＿＿＿＿＿＿＿＿＿

3. 汽车电动动力转向装置的构造和原理：＿＿＿＿＿＿＿＿＿＿＿＿＿＿

4. 汽车动力转向油泵的构造和原理：＿＿＿＿＿＿＿＿＿＿＿＿＿＿＿＿

1. 电动助力转向

1) 电动式 EPS 的组成、原理与特点

电动式 EPS 通常由转矩传感器、车速传感器、电子控制单元（ECU）、电动机和电磁离合器等组成，如图 2-3-1 所示。

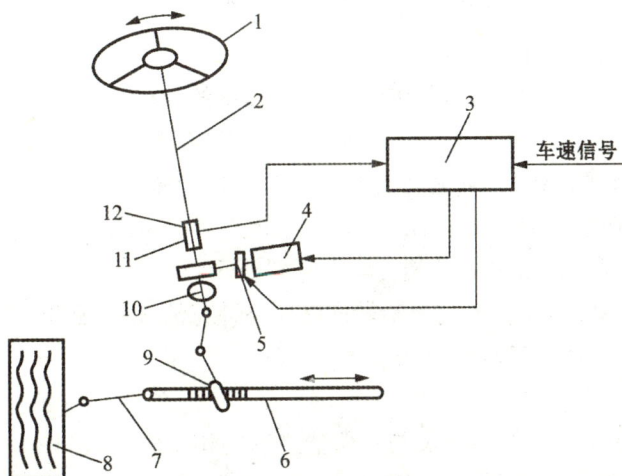

图 2-3-1　电动式 EPS 的组成

1—转向盘；2—输入轴；3—ECU；4—电动机；5—电磁离合器；6—转向齿条；7—横拉杆；
8—转向轮；9—输出轴；10—扭力杆；11—扭矩传感器；12—转向齿轮

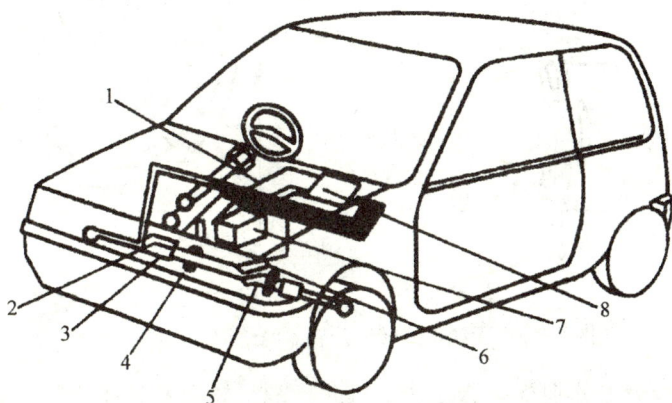

图 2-3-2　Mira 车上 EPS 的布置

1—制动开关；2—转矩传感器（主、辅）；3—发动机转速信号；4—车速传感器；5—减速机；
6—电动机；7—蓄电池；8—计算机

EPS 系统中各部件的配置、结构与各种汽车的设计相适应的特点如下：

Mira 车上，转矩传感器与传动齿轮是分开的。电动机和减速机合为一体，安装在与传动齿轮相对的齿条箱上，电动机的驱动力直接传给齿条轴，控制件安装在司机助手侧的仪表盘背板上，如图 2-3-2 所示。电动式 EPS 是利用电动机作为助力源，根据车速和转向参数等，由 ECU 完成助力控制，其原理可概括如下：

当操纵转向盘时,装在转向盘轴上的转矩传感器不断地测出转向轴上的转矩信号,该信号与车速信号同时输入到 ECU。

ECU 根据这些输入信号,确定助力转矩的大小和方向,即选定电动机的电流和转向,调整转向辅助动力的大小。

电动机的转矩由电磁离合器通过减速机构减速扭振后,加在汽车的转向机构上,得到一个与汽车工况相适应的转向作用力。

电动式 EPS 有许多液压式动力转向系统所不具备的优点:

(1) 将电动机、离合器、减速装置、转向杆等部件装配成一个整体,既无管道也无控制阀,使其结构紧凑、质量减轻,一般电动式 EPS 的质量比液压式 EPS 质量轻 25% 左右。

(2) 没有液压式动力转向系统所必须的常运转式转向液压泵,电动机只是在需要转向时才接通电源,所以动力消耗和燃油消耗均可降到最低。

(3) 省去了油压系统,所以不需要给转向液压泵补充油,也不必担心漏油。

2. 电动式 EPS 主要部件的结构及工作原理

1) 转矩传感器

转矩传感器的作用是测量转向盘与转向器之间的相对转矩,以作为电动助力的依据之一。图 2-3-3 所示为无触点式转矩传感器的结构及工作原理图。

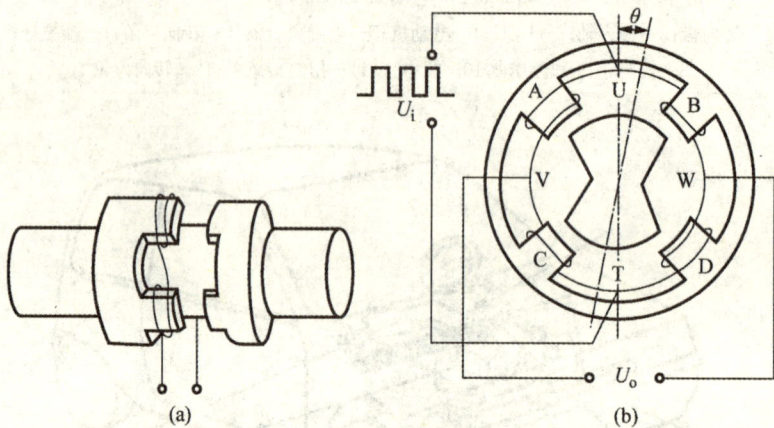

图 2-3-3　无触点式转矩传感器的结构及工作原理图

在输出轴的极靴上分别绕有 A、B、C、D 四个线圈,转向盘处于中间位置(直驶)时,扭力杆的纵向对称面正好处于图示输出轴极靴 A、C、D 的对称面上。

当在 U,T 两端加上连续的输入脉冲电压信号 U_i 时,由于通过每个极靴的磁通量相等,所以在 V,W 两端检测到的输出电压信号 $U_o = 0$。

转向时,由于扭力杆和输出轴极靴之间发生相对扭转变形,极靴 A,D 之间的磁阻增加,B、C 之间的磁阻减少,各个极靴的磁通量发生变化,于是在 V,W 之间就出现了电位差。

其电位差与扭力杆的扭转角和输入电压 U_i 成正比。所以,通过测量 V,W 两端的电位差就可以测量出扭力杆的扭转角,于是也就知道了转向盘施加的转矩。图 2-3-4 所示为滑动可变电阻式转矩传感器的结构。

它是将负载力矩引起的扭力杆角位移转换为电位器电阻的变化,并经滑环传递出来作为转矩信号。

2) 电动机

电动式 EPS 用电动机与起动用直流电动机原理上基本相同,但一般采用永久磁场。最大电流一般为 30A,电压为 DC 12V,额定转矩为 10N·m 左右。转向助力用直流电动机需要正、反转控制,图 2-3-5 所示为一种比较简单适用的控制电路。a_1、a_2 为触发信号端。

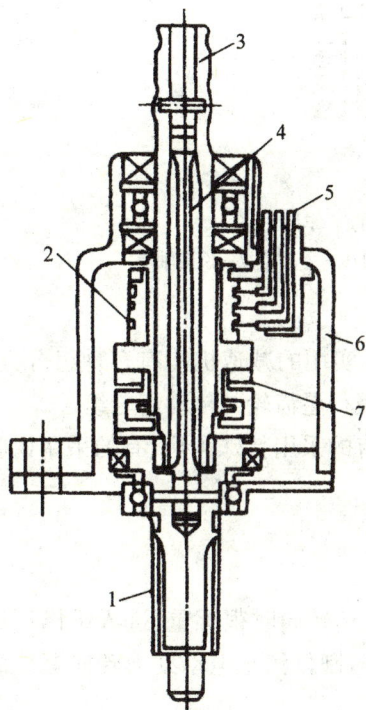

图 2-3-4　滑动可变电阻式转矩传感器的结构
1—小齿轮;2—滑环;3—轴;4—扭矩;5—输出端;
6—外壳;7—电位计

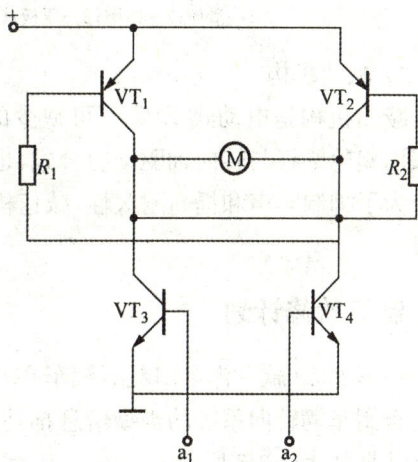

图 2-3-5　直流电动机正反转控制电路

当 a_1 端得到输入信号时,晶体管 VT_3 导通,VT_2 得到基极电流而导通,电流经 VT_2、电动机 M,VT_3、搭铁而构成回路,于是电动机正转。

当 a_2 端得到输入信号时,电流则经 VT_1,M,VT_4,搭铁而构成回路,电动机因电流方向相反而反转。控制触发信号端电流的大小,就可以控制通过电动机电流的大小。

3) 电磁离合器

如图 2-3-6 所示为单片干式电磁离合器的工作原理图。当电流通过滑环进入电磁离合器线圈时,主动轮产生电磁吸力,带花键的压板被吸引与主动轮压紧,于是电动机的动力经过轴、主动轮、压板、花键、从动轴传递给执行机构。

电动式 EPS 一般都设定一个工作范围,如当车速达到 45km/h 时,就不需要辅助动力转向,这时电动机就停止工作。为了不使电动机和电磁离合器的惯性影响转向系统的工作,离合器应及时分离,以切断辅助动力。另外,当电动机发生故障时,离合器会自动分离,这时仍可利用手动控制转向。

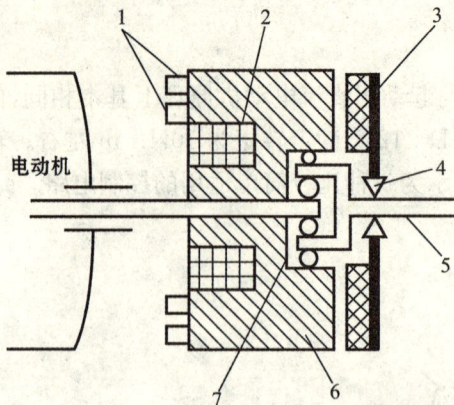

图 2-3-6　单片干式电磁离合器的工作原理图

1—滑环；2—线圈；3—压板；4—花键；5—从动轴；6—主动轮；7—滚动轴承

4）减速机构

减速机构是电动式 EPS 不可缺少的部件。目前，实用的减速机构有多种组合方式，一般采用蜗轮蜗杆与转向轴驱动组合式，也有的采用两级行星齿轮与传动齿轮组合式。

为了抑制噪声和提高耐久性，减速机构中的齿轮有的采用特殊齿形，有的采用树脂材料制成。

三、制订检修计划

一辆 2009 款一汽丰田花冠汽车在行驶中，发现汽车转向时很沉重，进入维修厂进行维修。查阅车辆转向系统的类型信息描述及结构组成等，制订汽车电动助力转向沉重故障的检修计划如表 2-3-3 所示。

表 2-3-3　汽车电动助力转向沉重故障检修计划

1. 查阅维修资料，了解车辆动力转向类型特点 2. 查阅维修手册，熟悉车辆动力转向检修规范 3. 查阅技术通报，熟练车辆电动助力转向沉重故障检修流程		
1. 车辆信息描述	车辆描述	
	动力转向类型	
2. 车辆转向故障现象描述		

（续表）

3. 汽车电动助力转向沉重故障原因分析,画出鱼刺图	
4. 汽车电动助力转向沉重故障检修工作准备	
5. 汽车电动助力转向沉重故障检修流程	

第5项表格内容：

步骤	检修项目	操作要领	技术要求或标准	检修记录

四、实施维修作业

汽车电动助力转向沉重故障检修作业如表 2-3-4 所示。

表 2-3-4　汽车电动助力转向沉重故障检修作业

收集汽车电动助力转向检修相关信息,制订汽车电动助力转向主要部件的检修规范,并实施维修作业				
当系统出现故障时,电子控制单元将其故障信息以代码形式显示出来,以使维修人员快速、准确地判断出故障类型及故障部位。下面以轿车电动式 EPS 系统为例介绍电子控制动力转向系统的故障自诊断测试方法				
检查步骤	检修项目	操作要领		检修记录
警告灯的检查	警告灯	1. 当点火开关处于 ON 位时,警告灯应点亮,发动机起动后警告灯熄灭为正常 2. 警告灯不亮时,检查灯泡是否损坏,熔丝和导线是否断路 3. 若发动机起动后警告灯仍亮时,首先应考虑该系统是否处于保险状态(只有常规转向工作,无电动助力),并通过其自诊断系统进行必要的检查		
	检修项目	操作要领	示意图(或步骤)	检修记录
自诊断检查的操作	自诊断检查	将万用表直流电压档的正测试棒接在自诊断连接器(如右图所示)的 2 号接柱上,负测试棒接搭铁,接通点火开关 ON 档,故障码即由小到大的顺序显示出来	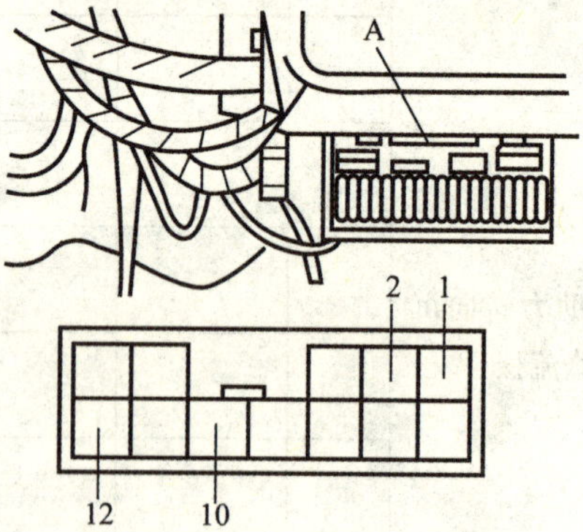 自诊断连接器 1—多点燃油喷射;2—电动助力转向;A—连接片;10—音响/空调系统;12—汽油泵电源测试	

（续表）

检查步骤	检修项目	操作要领	示意图（或步骤）	检修记录
转矩传感器的检查	转矩传感器	从转向机总成上拆下转矩传感器及其连接器（如右图所示），测定转矩传感器主侧端子③与⑤之间和副侧端子⑧与⑩之间的电阻，其标准值应为（2.18±0.66）kΩ 若不符合要求，则为转矩传感器异常，应更换转向机总成 用万用表直流电压档测量上述各端子之间的电压，来判定转矩传感器是否良好。检查时，转向盘应处于中间位置，电压约2.5V为良好，4.7V以上为断路，0.3V以下为短路	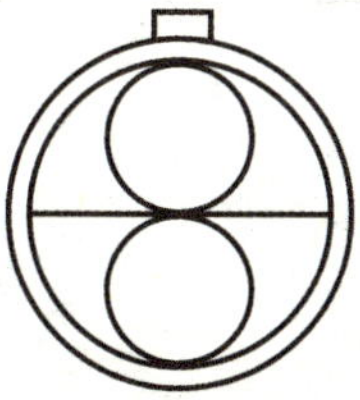 （a）直流电动机导线插接器  ①②③④⑤⑥⑦⑧⑨⑩ （b）转矩传感器和电磁离合器的导线插接器 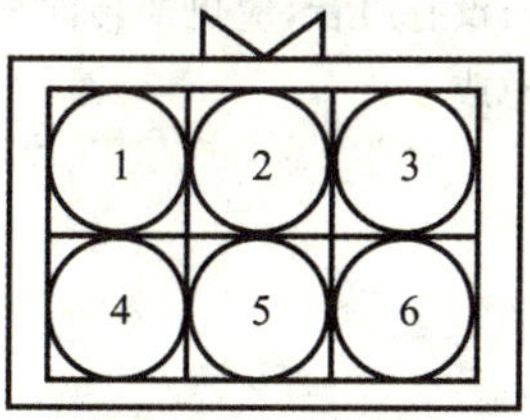 ①②③④⑤⑥ （c）车速传感器导线插接器	
电磁离合器的检查	电磁离合器	从转向机上断开电磁离合器的导线插接器（如右图所示），将蓄电池的正极接到电磁离合器端子①上，蓄电池的负极与端子⑥相接。在接通与断开端子⑥的瞬间，离合器应有工作声音。若没有声音，表明电磁离合器有故障，应更换转向机总成	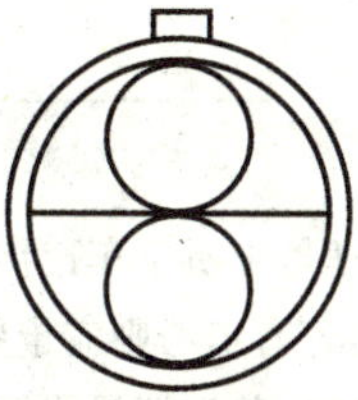 （a）直流电动机导线插接器  ①②③④⑤⑥⑦⑧⑨⑩ （b）转矩传感器和电磁离合器的导线插接器 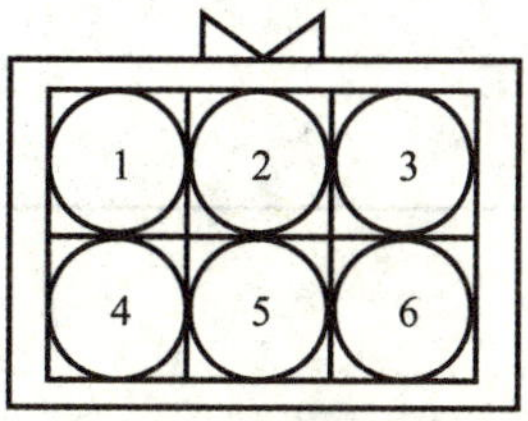 ①②③④⑤⑥ （c）车速传感器导线插接器	

笔记

检查步骤	检修项目	操作要领	示意图（或步骤）	检修记录
直流电动机的检查	直流电动机	从转向机上断开电动机的导线插接器（如右图所示），给电动机加上蓄电池电压时，电动机应有转动声音。若没有声音，应更换转向机总成	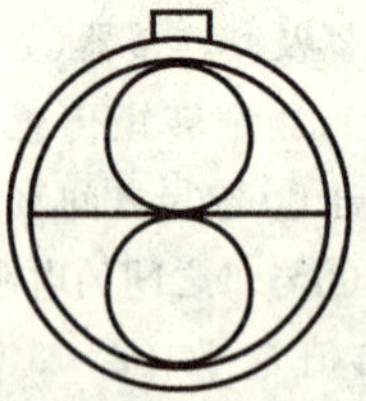 (a) 直流电动机导线插接器 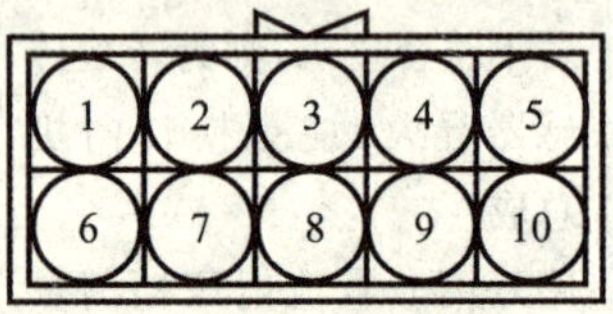 （1 2 3 4 5） （6 7 8 9 10） (b) 转矩传感器和电磁离合器的导线插接器 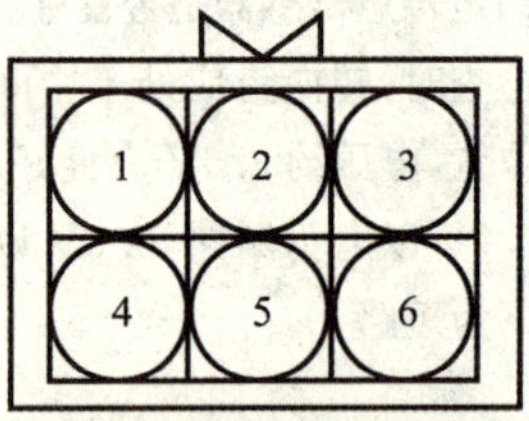 （1 2 3） （4 5 6） (c) 车速传感器导线插接器	
车速传感器的检查	车速传感器	从变速器上拆下车速传感器，用手转动车速传感器的转子检查其能否顺利运转，若有卡滞则应予更换 测定车速传感器导线插接器的主侧端子①与②之间及副侧端子④与⑤之间的电阻值，其值等于(165±20) Ω 为良好。若与上述不符则必须更换车速传感器		
检修结论与处理措施				

五、检验评估

项目二任务 2.3 的检验评估如表 2-3-5 所示。

表 2-3-5　检验评估

检验与评价内容	检　验　指　标	权重	自评	互评	总评
维修质量检验	动力转向系装配完毕后,以保证动力转向系有良好的工作性能。无动力转向系试验台,可进行就车试验	4			
检查任务完成情况	1. 能描述汽车转向系统主要部件的作用与原理 2. 在小组所扮演的角色,对完成任务过程中所起的作用	3			
职业素养	1. 学习态度:积极主动参与学习 2. 团队合作:与小组成员一起分工合作,不影响学习进度 3. 现场管理:服从工位安排、执行实训室"5S"管理规定	3			
综合评议与建议					

项目评价

项目检验与评价

1. 检查训练任务:真实、完整、有效
2. 按各学习活动进行自评或互评

序号	任务检验与评估项目	标　　准	课程权重	自我综合评价
1	诊断与排除汽车液压助力转向沉重故障	(1) 理解汽车转向原理,能分析汽车液压助力转向沉重的原因 (2) 掌握汽车动力转向外部检查的规范,会进行相关检修作业 (3) 会排除汽车液压助力转向沉重故障,并按规范进行维修质量检验	30%	
2	诊断与排除汽车转向盘自由行程过大故障	(1) 理解汽车转向系统的结构及工作原理 (2) 掌握汽车转向系统主要部件的结构原理和检修规范,会进行相关检修作业 (3) 会排除汽车转向盘自由行程过大故障,并按规范进行维修质量检验	30%	
3	诊断与排除汽车电动助力转向沉重故障	(1) 理解汽车电动动力转向系统的结构及工作原理,能分析电动助力转向沉重的原因 (2) 掌握汽车动力转向系统的规范,会进行相关检修作业 (3) 会排除汽车电动助力转向沉重故障,并按规范进行维修质量检验	40%	

项 目 拓 展

想一想：

四轮转向系统构造与原理

习题

一、填空题

1. 汽车底盘是支承、安装汽车发动机及车身等各种零部件,它一般由 _____、_____、_____、_____ 四大系统组成。

2. 转向系由 _____、_____ 和 _____ 三大部分组成。

3. 转向器是转向系统中的减速传动装置,其结构形式很多,主要有 _____、_____ 和 _____ 等几种。

4. 转向操纵机构由 _____、_____、_____ 等组成,它的作用是将驾驶员转动转向盘的操纵力传给 _____。

5. 电动式 EPS 通常由 _____、_____、_____、_____ 和电磁离合器等组成。

二、选择题

1. 转向器中蜗杆轴承与蜗杆轴配合的最大间隙不得大于原计划规定的(　　)mm。

A. 0.002　　　　　B. 0.02　　　　　C. 0.006　　　　　D. 0.06

2. 转向传动机构的横、直拉杆的球头销按顺序装好后,要对其进行(　　)的调整。

A. 紧固　　　　　B. 间隙　　　　　C. 预紧度　　　　　D. 测隙

3. 循环球式转向器侧盖上的调整螺钉向里拧时啮合间隙(　　)。

A. 增大　　　　　B. 减小　　　　　C. 不变　　　　　D. 不影响

4. 转向垂臂装复到摇臂轴上,其端面应高出摇臂轴花键端面(　　)mm。

A. 2～5　　　　　B. 1～2　　　　　C. 2.5～3　　　　　D. 0.5～1

5. 下列选项中,(　　)不是汽车前桥总成的大修送修标志。

A. 转向节上的轴承损坏　　　　　B. 前轴出现裂纹

C. 前轴变形严重　　　　　D. 主销承孔磨损逾限

6. 汽车转向节最常见的断裂部位是(　　)。

A. 转向节上耳根部　　　　　B. 转向节内外轴承轴颈之间

C. 转向节指轴颈的根部　　　　　D. 转向节下耳根部

7. 调整转向器啮合间隙时,转向器应处于(　　)位置。

A. 中间啮合　　　　　B. 两端啮合　　　　　C. 任意　　　　　D. 前端

8. 汽车过多转向特性(　　)。

A. 能使转向操纵轻便　　　　　B. 能使车轮自动回正

C. 会导致侧滑　　　　　D. 为理想转向特性

9. 调整蜗杆指销式转向器啮合间隙时,应将侧盖上的调整螺钉拧到底,再退回

（　　）圈。

　　A. 1/2　　　　　　　　B. 1/4　　　　　　　　C. 1/8　　　　　　　　D. 1/10

10. 为便于调整前轮前束,横拉杆两端每端应留出（　　）mm。

　　A. 5～10　　　　　　B. 10～15　　　　　　C. 15～20　　　　　　D. 8～12

11. 汽车转向节臂变形会造成（　　）。

　　A. 转向沉重　　　　　B. 前轮摆头　　　　　C. 行驶跑偏　　　　　D. 制动跑偏

12. 转向摇臂下端连接（　　）。

　　A. 横拉杆　　　　　　B. 直拉杆　　　　　　C. 转向节臂　　　　　D. 梯形臂

13. 转向梯形机构由前轴、横拉杆和左右（　　）构成。

　　A. 主销　　　　　　　B. 梯形臂　　　　　　C. 转向节臂　　　　　D. 转向垂臂

14. 轿车转向器的结构形式多采用（　　）转向器。

　　A. 齿轮齿条式　　　　B. 循环球式　　　　　C. 蜗杆蜗轮式　　　　D. 蜗杆曲柄销式

15. 转向传动机构包括转向摇臂、转向直拉杆、转向节臂、（　　）、左右梯形臂等。

　　A. 转向盘　　　　　　B. 转向轴　　　　　　C. 转向横拉杆　　　　D. 转向方向节

16. 横拉杆两端与_____连接。

　　A. 转向摇臂　　　　　B. 转向节臂　　　　　C. 梯形臂　　　　　　D. 转向节

三、判断题

1. （　　）转向桥或车架变形,左右轴距相差过大,正时齿轮故障与制动跑偏现象没有关系。

2. （　　）循环球式转向器中的螺杆-螺母传动副的螺纹是直接接触的。

3. （　　）转向指销可以单个更换。

4. （　　）转向节衬套与主销配合松旷或转向节与前梁拳形部位沿主销轴线方向配合松旷不会导致前轮摆振故障。

5. （　　）转向器中蜗杆轴承与壳体配合的最大间隙不得大于原计划规定的 0.02mm。

6. （　　）转向盘的自由行程越小越好。

四、简答题

1. 简述转向系的功用?

2. 简述循环球式转向器中有哪两处配合需要调整?

3. 简述流量控制式 EPS 组成?

4. 简述电动式 EPS 动力转向系统所具备的优点?

答案

一、填空题

1. 传动系、行驶系、转向系、制动系

2. 转向操纵机构、转向器、转向传动机构

3. 齿轮齿条式、循环球式、蜗杆曲柄指销式

4. 转向盘、转向轴、转向管柱、转向器

5. 转矩传感器、车速传感器、电子控制单元(ECU)、电动机

二、选择题

1. C　2. C　3. B　4. A　5. A　6. C　7. A　8. C　9. C　10. C　11. C　12. B
13. B　14. A　15. C　16. C

三、判断题

1. ×　2. ×　3. ×　4. ×　5. √　6. ×

四、简答题

1. 汽车转向系用于改变和保持汽车的行驶方向。当汽车需要改变行驶方向时,必须使转向轮绕主销轴线偏转一定角度,直到新的行驶方向符合驾驶员的要求时,再将转向轮恢复到直线行驶位置。这种由驾驶员操纵转向轮偏转和回位的机构称为汽车转向系。

2. (1) 支承转向螺杆的轴承预紧度:轴承为一对推力角接触球轴承,其预紧度通过调整垫片调整。

(2) 齿条齿扇啮合间隙:齿扇的齿厚度是逐渐改变的,沿轴向移动齿扇轴,即可调整齿条齿扇的啮合间隙。调整螺钉旋装在侧盖上。

3. 流量控制式 EPS 主要由整体式液压动力转向油泵及管路、电磁阀、车速传感器和电子控制单元(ECU)等组成。

4. (1) 将电动机、离合器、减速装置、转向杆等部件装配成一个整体,这既无管道也无控制阀,可使其结构紧凑、质量减轻,一般电动式 EPS 的质量比液压式 EPS 质量轻 25% 左右。

(2) 没有液压式动力转向系统所必须的常运转式转向液压泵,电动机只是在需要转向时才接通电源,所以动力消耗和燃油消耗均可降到最低。

(3) 省去了油压系统,所以不需要给转向液压泵补充油,也不必担心漏油。

笔 记

项目三	汽车行驶系统的定期维护

项目描述	本项目是驾驶员或初学者对汽车底盘行驶系统的认识,并进行相关操作及定期维护。通过本项目的学习,使学生理解汽车行驶系统的工作原理,认识汽车行驶系统的结构,具备维护汽车行驶系统的相关技能,能对汽车行驶系统进行定期维护
项目目标	1. 收集汽车行驶系统操作规范相关信息,制订汽车行驶系统操作计划 2. 能根据汽车行驶系统定期维护作业规范,实施维护作业
项目任务	任务1:定期维护汽车行驶系统
项目实施	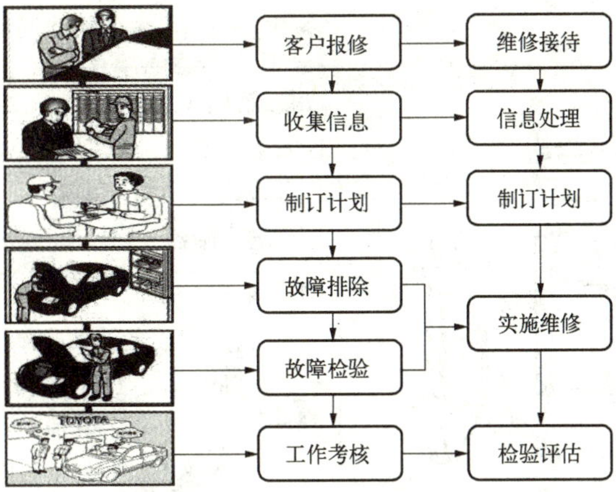 客户报修 → 维修接待 收集信息 → 信息处理 制订计划 → 制订计划 故障排除 故障检验 → 实施维修 工作考核 → 检验评估

一、维修接待

按照表3-1-1完成任务3.1待修车辆的维修接待与接车问诊表。

表3-1-1 任务3.1 维修接待与接车问诊表

王先生的一辆2006款东风日产天籁汽车行驶了5 000多公里没进行维护,现进入维修厂进行维护
任务3.1 维修接待,准确填写接车问诊表 1. 通过询问客户了解车辆使用情况,填写接车问诊表 2. 车间检测初步确认结果:需进行定期维护

笔记

（续表）

接 车 问 诊 表

车牌号：＿＿＿＿＿＿　　车架号：＿＿＿＿＿＿　　行驶里程：＿＿＿＿＿＿（km）

用户名：＿＿＿＿＿＿　　电　话：＿＿＿＿＿＿　　来店时间：＿＿＿＿／＿＿＿＿

用户陈述及故障发生时的状况：**一辆 2006 款东风日产天籁汽车 5 000 多公里没进行维护，进入维修厂进行维护**

故障发生状况提示：**行驶速度、发动机状态、发生频度、发生时间、部位、天气、路面状况、声音描述**

接车员检测确认建议：**需进行定期维护**

车间检测确认结果及主要故障零部件：**需进行定期维护**

车间检查确认者：＿＿＿＿＿＿

外观确认：

（请在有缺陷部位作标识）

功能确认：（工作正常√　不正常×）

☐音响系统　☐门锁（防盗器）　☐全车灯光　☐工具
☐后视镜　　☐顶窗　　　　　　☐座椅　　　☐点烟器
☐玻璃升降器　☐玻璃

物品确认：（有√　无×）

☐贵重物品提示
☐工具　☐备胎　☐灭火器
☐其他（　　　　　　　）
旧件是否交还用户　☐是　☐否
用户是否需要洗车　☐是　☐否

F

E

· 检测费说明：本次检测的故障如用户在本店维修，检测费包含在修理费用内；如用户不在本店维修，请您支付检测费。本次检测费：￥＿＿＿＿＿＿元。
· 贵重物品：在将车辆交给我店检查修理前，已提示将车内贵重物品自行收起并保存好，如有遗失恕不负责。

接车员：＿＿＿＿＿＿＿＿＿＿　　　　用户确认：＿＿＿＿＿＿＿＿＿＿

二、信息收集与处理

按照表 3-1-2 完成任务 3.1 的信息收集与处理。

表 3-1-2　信息收集与处理

1. 汽车行驶系的作用是：_____ _____ 2. 汽车行驶系主要的组成部件有：_____ _____ _____ 3. 汽车行驶系的原理是：_____ 4. 汽车行驶系定期保养的项目有：_____ _____ _____

笔 记

1. 汽车行驶系的功用

行驶系的功用是：接受传动系的动力，通过驱动轮与路面的作用产生牵引力，使汽车正常行驶；承受汽车的总重量和地面的反力；缓和不平路面对车身造成的冲击，衰减汽车行驶中的振动，保持行驶的平顺性；与转向系配合，保证汽车操纵稳定性。

2. 汽车行驶系的组成

行驶系由汽车的车架、车桥、车轮和悬架等组成，如图 3-1-1 所示。

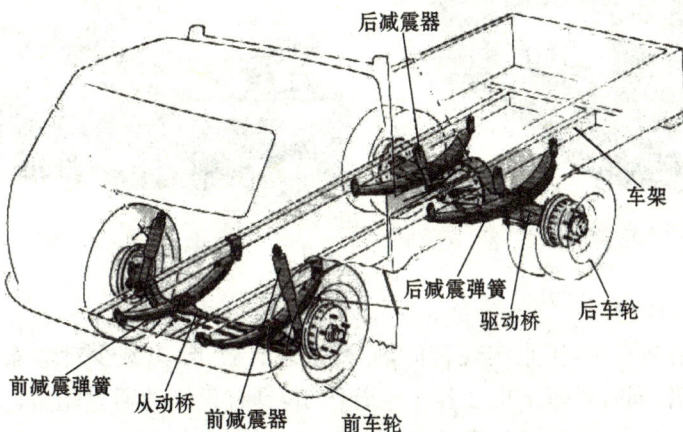

图 3-1-1　行驶系的组成

其中车桥又由从动桥和驱动桥组成；悬架由减震弹簧和减震器组成。

现代汽轿车行驶系一般都采用以钢管焊接的桁架式车架，这种立体结构车架兼有车架和车身的作用，如图 3-1-2 所示。

3. 汽车行驶系的类型

汽车行驶系根据其结构形式的不同，可以分为如下几种。

1）轮式行驶系

行驶系中直接和地面接触的是车轮，称这种行驶系为轮式行驶系。如图 3-1-3 所示行驶系的这种车称为轮式汽车。

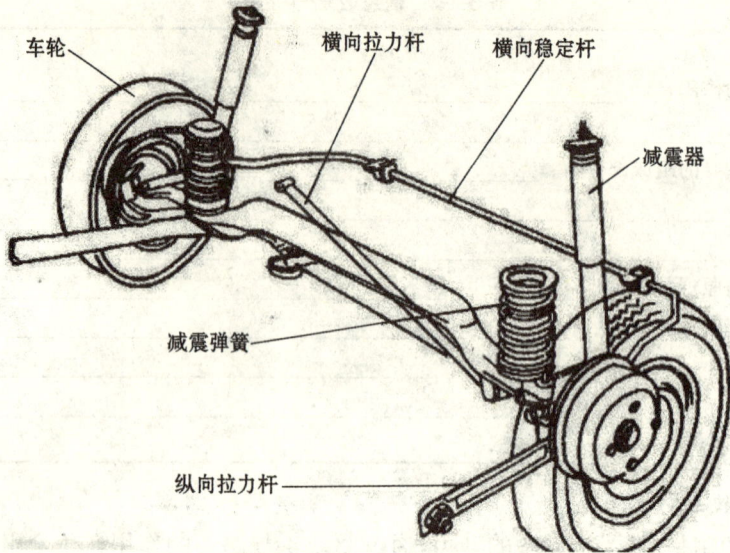

车轮　　　横向拉力杆　　　横向稳定杆

减震器

减震弹簧

纵向拉力杆

图 3-1-2　现代轿车行驶系

图 3-1-3　轮式汽车

图 3-1-4　半履带汽车

2）半履带式行驶系

前桥装有滑橇或车轮,用来实现转向,后桥上装有履带,以减少对地面的单位压力(比压),控制汽车下陷,同时履带上也加强了附着作用,具有很高的通过能力,主要用在雪地或沼泽地带行驶。这样的行驶系被称为半履带式行驶系。这种车称为半履带式汽车,如图 3-1-4 所示。

3）全履带式行驶系

如果汽车前后桥上都装有履带,则称为全履带式行驶系。这种车被称为全履带式汽车,如图 3-1-5 所示。

4. 汽车行驶系定期维护注意事项

1）车辆举升安全注意事项

(1)操作前应清除举升机附近妨碍作业的器具及杂物,并检查举升机操作手柄是否正常。

(2)举升机操作机构应灵敏有效,液压系统不得有泄漏和爬行现象。

图 3-1-5　全履带汽车

（3）支撑车辆时，四个支脚应在同一平面上。

（4）待举升车辆驶入举升工作范围后，应将举升机支脚块调整移动到正对该车型规定的举升点。

（5）车辆举升时工作人员应离开车辆，待举升到需要高度后，必须插入保险锁销，并确保安全可靠才可开始车底作业。

（6）有人作业时严禁升降举升机。

（7）作业完毕应清除杂物，打扫举升机周围以保持场地整洁。

2）工作环境安全注意事项

（1）操作过程做到"三不落地"即工具、零件、油水不落地。

（2）及时清除地面油污和水，工作完毕后工具应该及时归位、清洁。

（3）操作时应穿戴好个人防护用品。

（4）保证工作环境有良好的通风。

5. 汽车行驶系定期维护的范围

1）车轮

（1）检查轮胎气压，并视情况增减气压至标准值。

（2）轮胎磨损情况检查，表面检查。

（3）车轮钢圈检查。

2）悬架系统

（1）检查减震器并紧固其螺栓。

（2）检查减震弹簧并紧固其螺栓。

（3）检查悬架摆臂并紧固其螺栓。

（4）检查悬架拉杆并紧固其螺栓。

（5）检查横梁并紧固其螺栓。

3）横向稳定杆

检查横向稳定杆并紧固其螺栓。

笔记

三、制订检修计划

一辆 2006 款东风日产天籁汽车行驶了 5 000 多公里没进行维护,现进入维修厂进行维护。查阅车辆行驶系统的类型信息描述及结构组成、维护安全注意事项、行驶系组成等,制订汽车行驶系维护计划如表 3-1-3 所示。

表 3-1-3   汽车行驶系维护计划

1. 查阅相关维护技巧与安全事项 2. 了解汽车行驶系的结构、功用等 3. 定期维护作业规范		
1. 车辆行驶系类型信息描述	车 辆 描 述 车辆行驶系类型信息描述	在进行行驶系维护之前,认真阅读文中汽车行驶系定期维护注意事项,认真填表
2. 车辆行驶系维护安全描述		

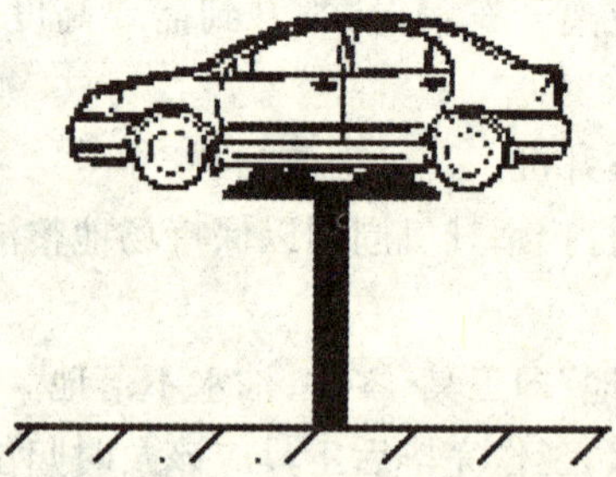

（续表）

3. 车辆行驶系结构描述（用举升机举升车辆，观察各部件的安装情况，在图上标注部件名称）	
4. 汽车行驶系定期维护计划	➢ 车轮检查与维护 ➢ 减震器检查与维护 ➢ 减震弹簧检查与维护 ➢ 摆臂检查与维护 ➢ 拉杆检查与维护 ➢ 横梁检查与维护 ➢ 横向稳定杆检查与维护

四、实施维修作业

根据汽车行驶系维护作业计划实施维护作业，维护作业任务书如表 3-1-4 所示。

表 3-1-4　汽车行驶系维护作业任务书

1. 了解汽车行驶系维护安全事项 2. 会正确对汽车行驶系进行维护保养			
1. 车辆信息描述	车 辆 描 述		
	车辆行驶系类型描述		
2. 汽车行驶系定期维护描述			
3.汽车行驶系定期维护	检查项目	作 业 要 领	技术标准	检查记录
	车轮	1. 检查轮胎气压 2. 检查车轮是否变形，是否有裂纹和其他损坏 3. 检查轮胎磨损是否异常 4. 检查钢圈是否有磨损和变形	轮胎气压：前轮——220kPa 后轮——200kPa	1. 前轮气压：___ 2. 后轮气压：___

笔 记

检查项目		作 业 要 领	技术标准	检查记录
3.汽车行驶系定期维护	减振器	1. 检查减振器是否漏油 2. 检查减振器是否变形 3. 检查减振器连接是否松动 4. 清洁减振器并紧固减振器连接螺栓		
	减振弹簧	1. 检查减振弹簧是否折断、变形 2. 检查减振弹簧连接是否松动 3. 清洁减振弹簧并紧固减振弹簧连接螺栓		
	摆臂	1. 检查摆臂是否损坏、变形 2. 检查摆臂连接是否松动 3. 清洁摆臂并紧固摆臂连接螺栓		
	拉杆	1. 检查拉杆是否损坏、变形 2. 检查拉杆连接是否松动 3. 清洁拉杆并紧固拉杆连接螺栓		
	横梁	1. 检查横梁是否损坏、变形 2. 检查横梁连接是否松动 3. 清洁横梁并紧固横梁连接螺栓		
	横向稳定杆	1. 检查横向稳定杆是否损坏、变形 2. 检查横向稳定杆连接是否松动 3. 清洁横向稳定杆并紧固横向稳定杆连接螺栓		
检查与维护结论				

五、检验评估

项目三任务 3.1 的检验评估如表 3-1-5 所示。

笔 记

表 3-1-5 检验评估

评价内容	检 验 指 标	权重	自评	互评	总评
检查任务 完成情况	1. 完成任务过程情况	4			
	2. 任务完成质量				
	3. 在小组完成任务过程中所起的作用				
专业知识	1. 能描述汽车行驶系的组成	3			
	2. 能描述汽车行驶系的类型				
	3. 能描述汽车行驶系的功能				
	4. 会描述汽车行驶系定期维护作业范围				
	5. 会描述汽车行驶系定期维护作业安全事项				
职业素养	1. 学习态度:积极主动参与学习	3			
	2. 团队合作:与小组成员一起分工合作,不影响学习进度				
	3. 现场管理:服从工位安排、执行实训室"5S"管理规定				
综合评议 与建议					

项目四　诊断与排除汽车行驶工作不良故障

项目描述	东风日产天籁汽车出现行驶跑偏等问题,进入维修厂进行维修。根据维修接待和车间检测结果,确认是一个综合故障。为了诊断与排除汽车转向综合故障,对汽车行驶系"行驶跑偏、汽车倾斜"两个方面进行诊断与排除,直到彻底排除故障
项目目标	1. 能理解汽车车轮的结构原理,会诊断与排除汽车行驶跑偏故障 2. 能理解汽车车架与悬架系统的结构原理,会诊断与排除汽车倾斜故障 3. 能理解汽车电控悬架系统的结构原理,会诊断与排除汽车电控悬架工作失效故障
项目任务	任务 4.1:诊断与排除汽车行驶跑偏故障:通过检查汽车转向外部—汽车转向器—转向传动机构—前轮定位失准—轮胎气压—前轮轴承过紧—辨别液压系统工作是否正常—储油罐油液—辨别油泵 V 形带是否正常—检修油泵—检修溢流阀—动力缸或转向控制阀等,诊断与排除汽车液压转向沉重故障,并检验维修质量 任务 4.2:诊断与排除汽车倾斜故障:通过检测齿轮与齿条啮合间隙—球铰磨损严重配合松旷—横拉杆与支架配合松旷等检查来排除汽车转向盘自由行程过大故障,并检验维修质量 任务 4.3:诊断与排除汽车电控悬架工作失效故障:通过检测齿轮与齿条啮合间隙—球铰磨损严重配合松旷—横拉杆与支架配合松旷等检查来排除汽车转向盘自由行程过大故障,并检验维修质量
项目实施	任务 4.1:诊断与排除汽车行驶跑偏故障 任务 4.2:诊断与排除汽车倾斜故障 任务 4.3:诊断与排除汽车电控悬架工作失效故障

任务4.1　诊断与排除汽车行驶跑偏故障

任务描述	针对维修接待和车间确认意见,本任务首先要通过对汽车车轮进行外部检查、轮胎气压和花纹检查、车轮平衡、车轮换位、车轮定位等系列工作,排除汽车行驶跑偏故障
任务目标	1. 理解汽车车轮的结构及工作原理,能分析汽车行驶跑偏的原因 2. 掌握汽车车轮的外部检查、轮胎气压和花纹检查、车轮平衡、车轮换位、车轮定位的规范 3. 会排除汽车行驶跑偏故障,并按规范进行维修质量检验

一、维修接待

按照表 4-1-1 完成任务 4.1 待修车辆的维修接待与接车问诊表。

表 4-1-1　任务 4.1 维修接待与接车问诊表

王先生的一辆 2006 款东风日产天籁汽车行驶了 10 000 多公里,车辆出现行驶跑偏,进入维修厂进行维修
1. 通过询问客户了解行驶发生故障情况,填写接车问诊表 2. 车间检测初步确认结果及主要故障零部件

接 车 问 诊 表

车牌号:＿＿＿＿＿＿	车架号:＿＿＿＿＿＿	行驶里程:＿＿＿＿＿＿(km)
用户名:＿＿＿＿＿＿	电　话:＿＿＿＿＿＿	来店时间:＿＿＿/＿＿＿

用户陈述及故障发生时的状况:**一辆 2006 款东风日产天籁汽车行驶了 10 000 多公里,车辆出现行驶跑偏,进入维修厂进行维修**

故障发生状况提示:**行驶速度、发动机状态、发生频度、发生时间、部位、天气、路面状况、声音描述**

接车员检测确认建议:**需进行拆检维修**

车间检测确认结果及主要故障零部件:**需进行拆检维修**

车间检查确认者:＿＿＿＿＿＿

外观确认:

(请在有缺陷部位作标识)

功能确认:(工作正常✓　不正常✗)

□音响系统　　□门锁(防盗器)　□全车灯光　□工具
□后视镜　　　□顶窗　　　　　□座椅　　　□点烟器
□玻璃升降器　□玻璃

物品确认:(有✓　无✗)

□贵重物品提示
□工具　□备胎　□灭火器
□其他(　　　　　　)
旧件是否交还用户　□是　□否
用户是否需要洗车　□是　□否

- 检测费说明:本次检测的故障如用户在本店维修,检测费包含在修理费用内;如用户不在本店维修,请您支付检测费。本次检测费:￥＿＿＿＿＿元。
- 贵重物品:在将车辆交给我店检查修理前,已提示将车内贵重物品自行收起并保存好,如有遗失恕不负责。

接车员:＿＿＿＿＿＿　　　　用户确认:＿＿＿＿＿＿

二、信息收集与处理

按照表 4-1-2 完成任务 4.1 的信息收集与处理。

表 4-1-2　信息收集与处理

1. 车轮的功用是：_____
_____
_____
2. 车轮按轮辐的结构分可分：_____、_____ 2 种；按轮辋形式不同可分 _____、_____、_____、_____ 4 种；按车轮材质分 _____、_____ 2 种。
3. 子午线轮胎的结构是：_____
4. 车轮的定位角度有哪 4 个：_____
5. 轮胎平衡的目的是：_____

1. 车轮的功用

车轮与轮胎对汽车行驶性能有很重要的作用。它们的功用主要是：支承汽车车体重量，缓和由于路面不平引起的冲击力，接受和传递制动力和驱动力，轮胎具有抵抗侧滑的能力，轮胎具有自动回正的能力，使汽车正常转向，保持汽车直线行驶。

2. 车轮类型与结构

按照轮辐的结构，车轮可分为辐板式和辐条式；根据轮辋形式不同又可分为组装轮辋式、可调式车轮、对开式、可反装式车轮；根据车轮材质不同又有铝合金、镁合金、钢车轮之分。

1) 辐板式车轮

辐板式车轮采用材料较薄，常冲压成起伏的各样形状，以提高刚度。辐板上开有若干孔，用以减轻质量，同时有利于制动器散热，安装时可作把手。其结构如图 4-1-1 所示。

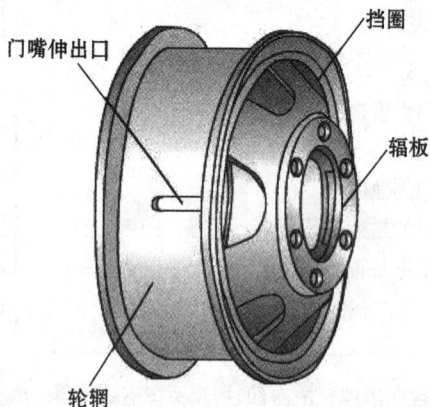

图 4-1-1　辐板式车轮结构

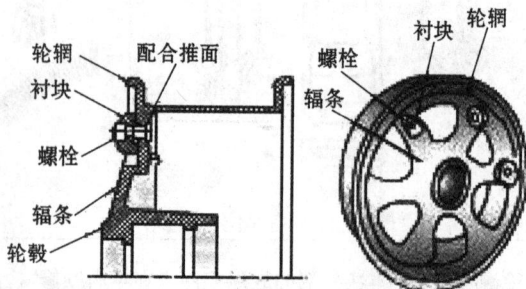

图 4-1-2　辐条式车轮结构

2) 辐条式车轮

辐条式车轮结构如图 4-1-2 所示，辐条与轮毂铸成一体，轮辋用螺栓和特殊形状的衬块固定在辐条上。

3. 轮辋类型

轮辋按其断面结构不同可分为:深槽、平底、对开式三种。

1)深槽轮辋

深槽轮辋如图 4-1-3 所示。这种轮辋中部是深凹形环槽便于外胎拆装。深槽式轮辋结构简单,刚度大,重量相对轻,对于小尺寸弹性较大的轮胎最为适宜,多用于小轿车及其他小型车上。

2)平底轮辋

平底轮辋如图 4-1-4 所示。其一边的凸缘与轮辋制成一体,锁圈嵌入轮辋的环槽内以阻止挡圈的脱落。主要用于中、重型载货汽车,自卸汽车和大客车。

3)对开式轮辋

对开轮辋如图 4-1-5 所示。此轮辋由左右可分的两部分组成。两部分轮辋之间用螺栓紧固在一起。这种结构使轮胎的安装特别可靠,并且装卸也较方便。

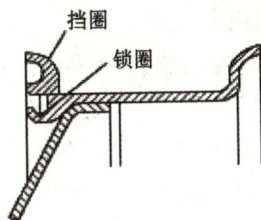

图 4-1-3 深槽轮辋　　　图 4-1-4 平底轮辋　　　图 4-1-5 对开轮辋

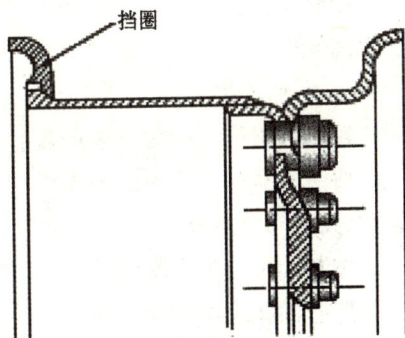

4. 轮胎的功用与结构

轮胎作为汽车与道路之间力的支承和传递部分,它的性能对汽车行驶性能影响很大。轮胎的性能与其结构,材料、气压、花纹等因素有关。

轮胎总成是安装在轮辋上的,直接与路面接触。它的作用是:承受汽车的重力;当汽车行驶中,路面不平引起冲击和振动要求轮胎与悬架一齐起缓和冲击的作用;保证车轮和路面接触具有良好的附着性,传递驱动力和制动力,保持汽车行驶稳定性。

轮胎主要由胎冠、胎肩、胎侧、胎体和胎圈等部分组成。如图 4-1-6 所示。

胎冠是指外胎两胎肩夹的中间部位。包括胎面,缓冲层(或带束层)和帘布层等。

胎面是指胎冠最外层与路面接触带有花纹的外胎胶层。它的作用是保护胎体,防止其早期磨损和损伤。缓冲层是指斜交轮胎胎面和胎体之间的胶布层,它的作用是缓和并部分吸收路面对轮胎的冲击。带束层是指在子午线轮胎和带束斜交轮胎的胎面基部下,沿胎面中心线圆周方向箍紧胎体的材料层。它的主要作用是增强轮胎的周向刚度和倾向刚度,并承受大部分胎面的应力。帘布层是指胎体中由覆胶平行帘线组成的布层,它是胎体的骨架,支撑外胎各部分。

胎侧是指胎肩到胎圈之间的胎体侧壁部位上的橡胶层,它的主要作用是保护胎体,承受

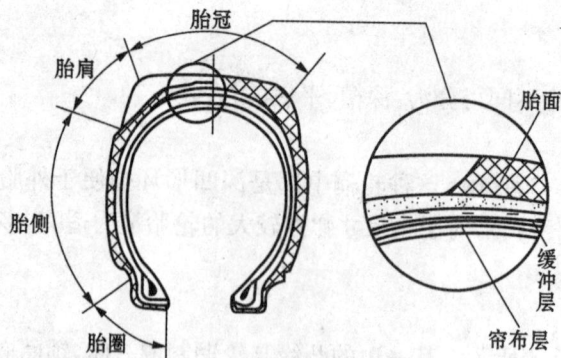

图 4-1-6   轮胎的结构

侧向力。胎体是由一层或数层帘布与胎圈组成整体的充气轮胎的受力结构。斜交轮胎的胎体帘布线彼此交叉排列,子午线的胎体帘线互相平行。

胎圈是指轮胎安装在轮辋上的部分。由胎圈芯和胎圈包布等组成。它的作用是防止轮胎脱离轮辋。

5. 轮胎类型

轮胎按组成可分为有内胎轮胎和无内胎轮胎。

按帘布材料可分为棉帘布轮胎、人造线轮胎、尼龙轮胎、钢丝轮胎、聚酯轮胎、玻璃纤维轮胎、无帘布轮胎。

按断面可分为窄基轮胎、宽基轮胎、普通断面轮胎、低断面轮胎和超低断面轮胎。

按胎面花纹可分为普通花纹轮胎、越野花纹轮胎、混合花纹轮胎。

按气压可分为高压轮胎、低压轮胎、超低压轮胎。

按帘布层结构可分为斜交轮胎、带束斜交轮胎和子午线轮胎。

1) 有内胎的充气轮胎

有内胎的充气轮胎如图 4-1-7 所示。这种轮胎主要由外胎、内胎和垫带组成。内胎中充满压缩空气,外胎用来保护内胎不受损伤且具有一定弹性;垫带放在内胎下面,防止内胎与轮辋硬性接触受损伤。

2) 无内胎的充气轮胎

无内胎的充气轮胎如图 4-1-8 所示。这种轮胎外观上与普通轮胎相似,但胎圈外侧上有若干道同心环形槽纹,在轮胎内空气压力作用下,槽纹能使胎圈紧贴在轮辋边缘上,使之与轮辋保证良好的气密性。

3) 普通斜交轮胎

普通斜交轮胎如图 4-1-9 所示。普通斜交轮胎的特点是帘布层和缓冲层各相邻层帘线交叉排列,各层帘线与胎冠中心线成 $350°\sim400°$ 的交角,因而叫斜交轮胎。在帘布层与胎面之间为缓冲层。

4) 子午线轮胎

子午线轮胎如图 4-1-10 所示。此种轮胎的帘线与胎面中心线呈 $90°$ 或接近 $90°$ 排列,帘线分布如地球的子午线,因而称为子午线轮胎。在帘布层与胎面之间为带束层。带束层内

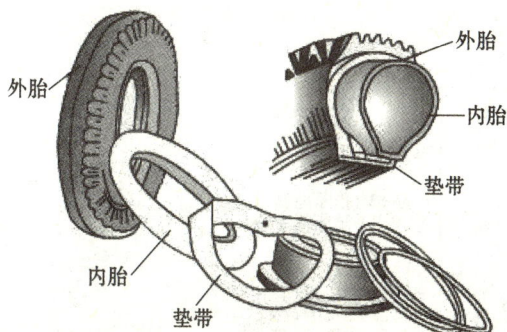

图 4-1-7 有内胎的充气轮

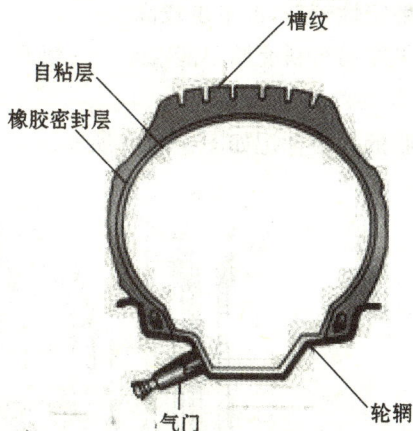

图 4-1-8 无内胎的充气轮

图 4-1-9 普通斜交轮胎

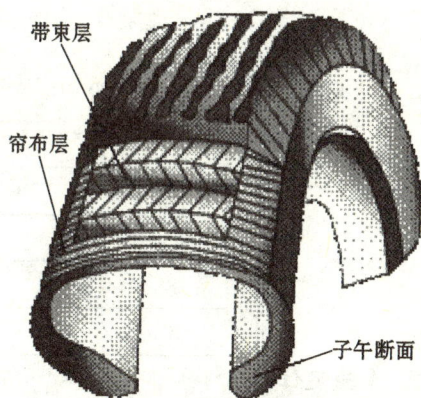

图 4-1-10 子午线轮胎

各层帘线与胎面中心线夹角为 $10°\sim20°$。

子午线轮胎与普通斜交胎相比有许多优越性:

(1) 滚动阻力小,节约燃料,由于子午线轮胎帘布层少,行驶温度低,散热好,滚动阻力比斜交胎低 $25\%\sim30\%$,油耗降低 $6\%\sim8\%$。

(2) 耐磨性好,寿命长:轮胎滚动时胎面要变形会产生滑移,从而加剧轮胎磨损,而子午线胎冠刚度大,胎面宽,接地面积大,单位压力小,因而减少胎面磨损,延长寿命,行程比斜交胎高 $30\%\sim50\%$。

(3) 安全性能好:子午线轮胎本身结构原因,使其高速旋转时,变形小,升温低,产生驻波的临界速度比斜交胎高,提高了行驶中的安全性。

(4) 子午线胎还具有减振性好、附着性能高的特点。其承载能力也高于斜交胎 14%。子午线胎面耐穿刺,在恶劣条件下行驶,轮胎不易爆破。

(5) 在现代汽车上子午线胎越来越得到广泛应用。但它也有缺点:胎侧薄,变形大,胎侧与胎圈受力比普通斜交胎大很多,容易在胎侧和与轮辋接触处发生裂纹,因胎侧变形大,其侧面稳定性较差,成本也较高。

子午线胎与斜交胎不能混装于一辆车上。

6. 轮胎规格标记

轮胎的规格标记如图 4-1-11 所示。

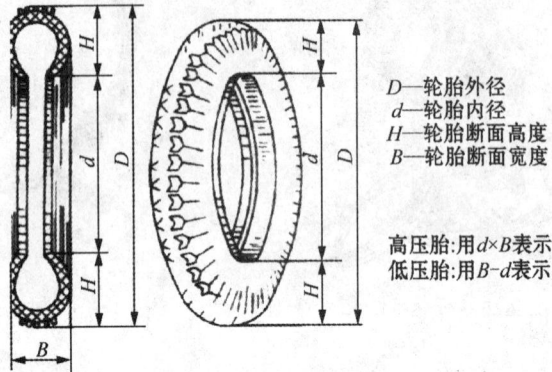

D—轮胎外径
d—轮胎内径
H—轮胎断面高度
B—轮胎断面宽度

高压胎:用$d×B$表示
低压胎:用$B-d$表示

图 4-1-11　规格标记

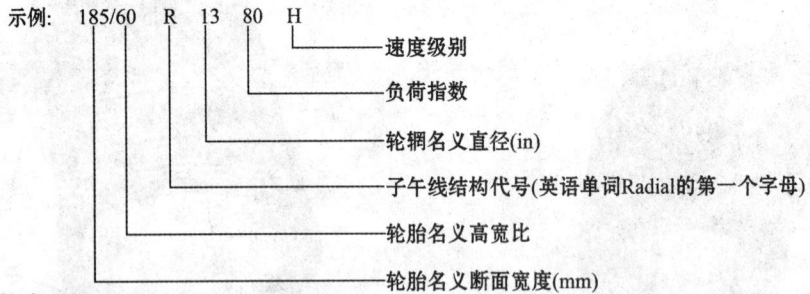

示例:　185/60　R　13　80　H

速度级别

负荷指数

轮辋名义直径(in)

子午线结构代号(英语单词Radial的第一个字母)

轮胎名义高宽比

轮胎名义断面宽度(mm)

7. 车轮定位

1)主销后倾

如图 4-1-12 所示。当汽车水平停放时,在汽车的纵向垂面内,主销上部向后倾斜一个角度 γ,称为主销后倾角。当主销具有后倾角时,主销轴线与路面交点 A 将位于车轮与路面接触点的前面。当汽车直线行驶时,若转向轮偶然受到外力作用而稍有偏转(例如向右偏转,如图中箭头所示),能产生回正作用。

2)主销内倾

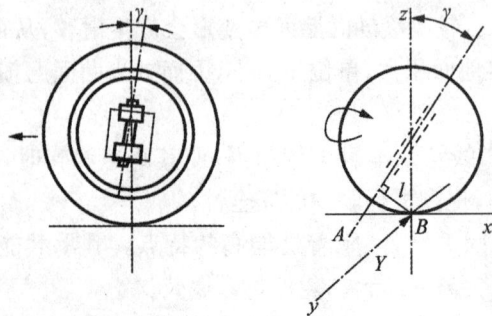

图 4-1-12　主销后倾

如图 4-1-13 所示。当汽车水平停放时,在汽车的横向垂面内,主销轴线与地面垂线的夹角为主销内倾角。主销内倾角的作用是使车轮自动回正。通常车轮轴线不在水平面,为了方便说明这里假设直线行驶时车轮轴线在水平面上。对于车轮轴线不在水平面的情况,只要把图 4-1-13(b)的水平面改为锥面。如图所示,考虑该水平面上和主销有交点的直线,主销与这些直线的夹角有一个最大值。而汽车直线行驶时,车轮轴线与主销的交角恰为这个最大值。

车轮轴线与主销夹角在转向过程中是不变的,当车轮转过一个角度,车轮轴线就离开水平面往下倾斜,致使车身上抬,势能增加。这样汽车本身的重力就有使转向轮回复到原来中间位置的效果。

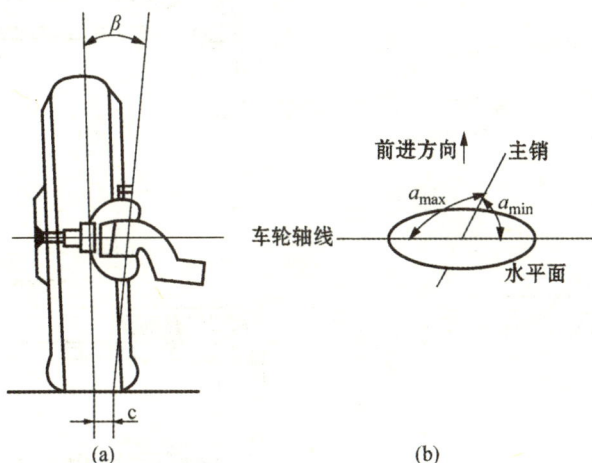

图 4-1-13　主销内倾

3)前轮外倾

如图 4-1-14 所示,当汽车水平停放时,在汽车的横向垂面内,车轮平面与地面垂线的夹角为前轮外倾角。如果空车时车轮的安装正好垂直于路面,则满载时车桥因承载变形而可能出现车轮内倾,这样将加速车轮胎的磨损。另外,路面对车轮的垂直反力沿轮毂的轴向分力将使轮毂压向外端的小轴承,加重了外端小轴承及轮毂紧固螺母的负荷,降低它们的寿命。因此,为了前轮有一个外倾角。但是外倾角也不宜过大,否则也会使轮胎产生偏磨损。

4)前轮前束

如图 4-1-15 所示。车轮有了外倾角后,在滚动时就类似于滚锥,从而导致两侧车轮向外滚开。由于转向横拉杆和车桥的约束车轮不致向外滚开,车轮将在地面上出现边滚边向内滑的现象,从而增加了轮胎的磨损。为了避免这种由于圆锥滚动效应带来的不良后果,将两前轮适当向内偏转,即形成前轮前束。

8. 车轮的维修检测

(1)拆检轮辋及挡圈应无锈蚀、变形、裂纹和脱焊,螺孔处磨损不超过 1.5mm。

(2)检查轮胎的胎面、胎肩、胎侧、胎里均不应有气鼓、裂伤、腔空、破洞、扎钉、跳线和胶质老化等,趾口应无磨损。

(3)轮胎磨损应均匀。

笔记

(4) 检查轮胎气压,在常温下不能低于规定气压的10%。

9. 轮胎的定期换位

要按规定周期进行轮胎换位,以使其磨损平衡。若全车轮胎为统一的规格、花纹、层级和结构且行驶里程一致,则可使用循环换位或交叉换位,如图4-1-16所示。若装用不同成色的轮胎,就酌情搭配换位。注意:前轮严禁装用翻新修补轮胎。

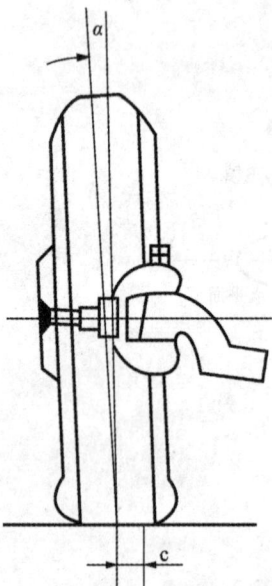

图 4-1-15　前轮前束

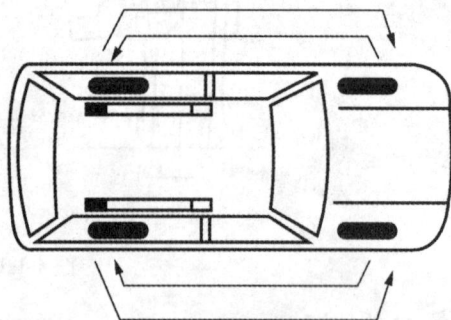

图 4-1-14　前轮外倾

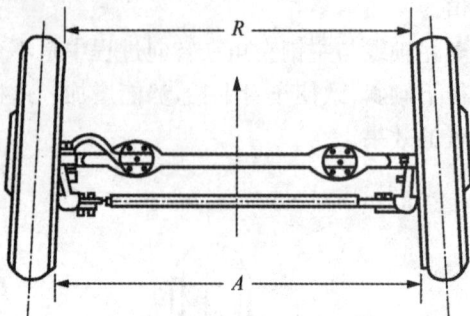

图 4-1-16　轮胎换位

10. 车轮的平衡

如图4-1-17所示,其专用卡尺如图4-1-17所示。

(1) 清除被测车轮上的泥土、石子和旧平衡块。

(2) 检查轮胎气压,视必要充至规定值。

(3) 根据轮辋中心孔的大小选择锥体,仔细地装上车轮,用大螺距螺母上紧。

(4) 打开电源开关,检查指示与控制装置的面板是否指示正确。

(5) 用卡尺测量轮辋宽度、轮辋直径 d(也可由胎侧读出),用平衡机上的标尺测量轮辋边缘至机箱距离 a,用键入或选择器旋钮对准测量值的方法,将 a,d 直接输入指示与控制装置中。为了适应不同计量制式,平衡机上的所有标尺一般都同时标有英制和公制刻度。

(6) 放下车轮防护罩,按下起动键,车轮旋转,平衡测试开始,微机自动采集数据。

车轮自动停转或听到"笛"声,按下停止键并操纵制动装置使车轮停转后,从指示装置读取车轮内、外不平衡量和不平衡位置。

(7) 抬起车轮防护罩,用手慢慢转动车轮。当指示装置发出指示(音响、指示灯亮、制动、显示点阵或显示检测数据等)时停止转动。在轮辋的内侧或外侧的上部(时钟12点位置)加装指示装置显示该侧平衡块质量。内、外侧要分别进行,平衡块装卡要牢固。安装平衡块后有可能产生新的不平衡,应重新进行平衡试验,直至不平衡量<5g(0.3oz),指示装置显示"00"或"OK"时才能满意。当不平衡量相差10g左右时,如能沿轮辋边缘左右移动平衡块一定角度,将可获得满意的效果。

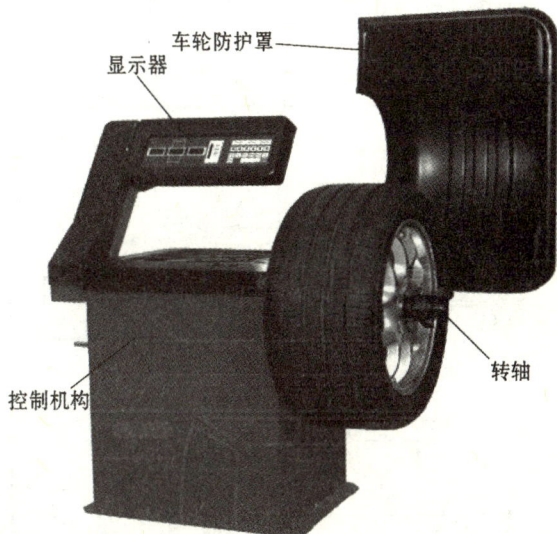

图 4-1-17　轮胎平衡机

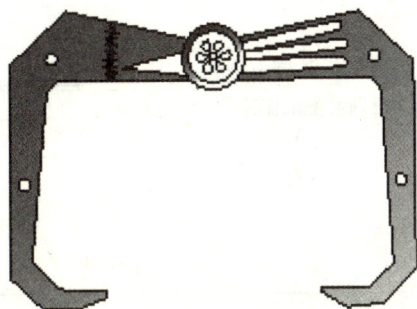

图 4-1-18　轮胎平衡机

三、制订检修计划

一辆 2006 款东风日产天籁汽车行驶了 10 000 多公里,车辆出现行驶跑偏,进入维修厂进行维修。查阅车辆车轮类型的信息描述,制订汽车行驶跑偏故障的检修计划如表 4-1-3 所示。

表 4-1-3　汽车行驶跑偏故障检修计划

1. 查阅维修资料,了解车辆车轮类型、结构			
2. 查阅维修手册,熟悉车辆车轮检修规范			
3. 查阅技术通报,熟练车辆行驶跑偏故障检修流程			
	车　辆　描　述		
1. 车辆信息描述	车轮类型	车轮类型	
		轮胎规格	
		轮胎类型	
		轮胎气压	

2. 车辆行驶跑偏故障现象描述	
3. 汽车行驶跑偏原因分析,画出鱼刺图	
4. 汽车行驶跑偏故障检修工作准备	

5. 汽车行驶跑偏故障检修流程	步骤	检修项目	操作要领	技术要求或标准	检修记录

四、实施维修作业

汽车行驶跑偏故障的检修作业如表 4-1-4 所示。

表 4-1-4 汽车行驶跑偏检修作业

1. 根据"汽车行驶跑偏故障原因分析"和"汽车行驶跑偏故障检修流程",结合车辆实际情况,从简单到复杂、从外到里、从不拆到拆等故障诊断与排除原则,逐个收集相应检修规范等信息,并制订相应检修计划
2. 按检修规范和检修计划,逐步进行检修训练,最终排除故障

检查步骤	检修项目	操作要领	检修记录
车轮外部检查	轮胎	1. 轮胎胎面花纹中是否有异物或是钉子等,如若有要及时清除 2. 轮胎胎侧是否有划痕、鼓泡或是裂纹,划痕、鼓泡或裂纹有可能导致车辆在行驶时爆胎 3. 检查轮胎磨损是否均匀	
	车轮	1. 检查车轮是否有摩擦痕迹 2. 检查车轮是否变形 3. 检查气嘴是否损坏	
轮胎气压与花纹深度检查			

笔 记

（续表）

检查步骤	检修项目	操 作 要 领	检修记录
轮胎气压与花纹深度检查		如果检查汽车车轮外部是正常的，则需要进一步对汽车轮胎气压和花纹深度进行检查。如果发现气压和花纹深度不在标准范围，则需要加减气压或更换轮胎	

	检查对象	检查要领	检查记录
	轮胎气压		
	轮胎花纹深度		

检查步骤		操作要领	
车轮动平衡检查			
		如果检查汽车轮胎气压和花纹深度是正常的，则需要进一步对汽车轮胎动平衡进行检查，如果发现轮胎动平衡不在标准范围，则需要重新对车轮调整动平衡	

	检查对象	检查要领	检查记录
	拆卸车轮		
	车轮动平衡		
	安装车轮		

检查步骤	操作要领
车轮定位检查	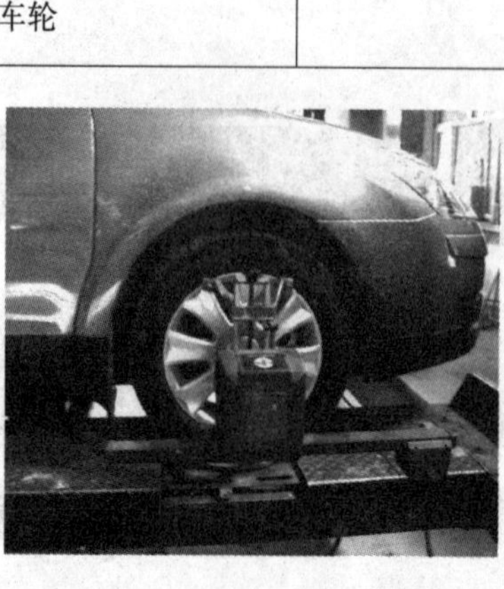 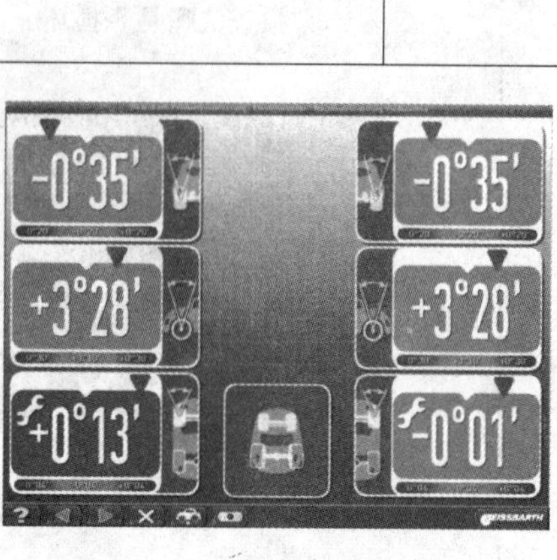

（续表）

检查步骤	检修项目	操作要领		检修记录
车轮定位检查	如果检查汽车轮胎动平衡是正常的,则需要进一步对汽车车轮定位进行检查,如果发现车轮定位不在标准范围,则需要对车轮定位进行调整			
		检查对象	检查要领	检查记录
		四轮定位仪的安装		
		车轮定位检测		
		车轮定位调整		

五、检验评估

项目四任务 4.1 的检验评估如表 4-1-5 所示。

表 4-1-5　检验评估

检验与评价内容	检验指标	权重	自评	互评	总评
维修质量检验	对车轮进行外观检查、气压与花纹深度检查、轮胎动平衡、车轮定位后,可进行就车试验	4			
检查任务完成情况	1. 能描述汽车车轮作用、结构及类型 2. 在小组所扮演的角色,对完成任务过程中所起的作用	3			
职业素养	1. 学习态度:积极主动参与学习 2. 团队合作:与小组成员一起分工合作,不影响学习进度 3. 现场管理:服从工位安排、执行实训室"5S"管理规定	3			
综合评议与建议					

任务4.2　诊断与排除汽车倾斜故障

任务描述	针对维修接待和车间确认意见,本任务首先要通过对汽车悬架系统进行外部检查、减振弹簧检查、减振器检查、横向稳定杆检查等系列工作,排除汽车倾斜故障
任务目标	1. 理解汽车悬架系统的结构及工作原理,能分析汽车倾斜的原因 2. 领会汽车悬架的外部检查、悬架系统检修的规范 3. 会排除汽车倾斜故障,并按规范进行维修质量检验

一、维修接待

按照表4-2-1完成任务4.2待修车辆的维修接待与接车问诊表。

表4-2-1　任务4.2维修接待与接车问诊表

王先生的一辆2006款东风日产天籁汽车行驶了40 000多公里,车辆出现倾斜,进入维修厂进行维修

1. 通过询问客户了解行驶发生故障情况,填写接车问诊表
2. 车间检测初步确认结果及主要故障零部件

接车问诊表

车牌号:＿＿＿＿＿＿　车架号:＿＿＿＿＿＿　行驶里程:＿＿＿＿＿＿(km)

用户名:＿＿＿＿＿＿　电　话:＿＿＿＿＿＿　来店时间:＿＿＿＿/＿＿＿＿

用户陈述及故障发生时的状况:**一辆2006款东风日产天籁汽车行驶了40 000多公里,车辆出现倾斜,进入维修厂进行维修**

故障发生时的状况提示:**行驶速度、发动机状态、发生频度、发生时间、部位、天气、路面状况、声音描述**

接车员检测确认建议:**需进行拆检维修**

车间检测确认结果及主要故障零部件:**需进行拆检维修**

车间检查确认者:＿＿＿＿＿＿

外观确认:

(请在有缺陷部位作标识)

功能确认:(工作正常√　不正常×)
□音响系统　□门锁(防盗器)　□全车灯光　□工具
□后视镜　□顶窗　□座椅　□点烟器
□玻璃升降器　□玻璃

物品确认:(有√　无×)
□贵重物品提示
□工具　□备胎　□灭火器
□其他(　　　　)
旧件是否交还用户　□是　□否
用户是否需要洗车　□是　□否

- 检测费说明:本次检测的故障如用户在本店维修,检测费包含在修理费用内;如用户不在本店维修,请您支付检测费。本次检测费:¥＿＿＿＿元。
- 贵重物品:在将车辆交给我店检查修理前,已提示将车内贵重物品自行收起并保存好,如有遗失恕不负责。

接车员:＿＿＿＿＿＿　　　　用户确认:＿＿＿＿＿＿

二、信息收集与处理

按照表 4-2-2 完成任务 4.2 的信息收集与处理。

表 4-2-2　信息收集与处理

1. 汽车悬架的功用是：_____ _____
2. 汽车悬架系统一般由哪几部分组成：_____ _____
3. 汽车悬架弹性元件的类型有：_____
4. 汽车减振器的类型有：_____
5. 汽车悬架的类型有：_____ _____ _____
6. 汽车横向稳定杆的功用是：_____ _____

1. 悬架的功用

汽车悬架是车架（或车身）与车轴（或车轮）之间的弹性连结装置的统称。它的作用是弹性地连接车桥和车架（或车身），缓和行驶中车辆受到的冲击力；保证货物完好和人员舒适；衰减由于弹性系统引进的振动，使汽车行驶中保持稳定的姿势，改善操纵稳定性；同时悬架系统承担着传递垂直反力、纵向反力（牵引力和制动力）和侧向反力以及这些力所造成的力矩作用到车架（或车身）上，以保证汽车行驶平顺；并且当车轮相对车架跳动时，特别在转向时，车轮运动轨迹要符合一定的要求，因此悬架还起使车轮按一定轨迹相对车身跳动的导向作用。

悬架结构形式和性能参数的选择合理与否，直接对汽车行驶平顺性、操纵稳定性和舒适性有很大的影响。由此可见悬架系统在现代汽车上是重要的总成之一。

2. 悬架的组成

一般悬架由弹性元件、导向机构、减振器和横向稳定杆组成，如图 4-2-1 所示。

1）弹性元件

弹性元件用来承受并传递垂直载荷，缓和由于路面不平引起的对车身的冲击。弹性元件种类包括钢板弹簧、螺旋弹簧、扭杆弹簧、油气弹簧、空气弹簧和橡胶弹簧等。

（1）钢板弹簧：如图 4-2-2 所示。由多片不等长和不等曲率的钢板叠合而成。安装好后两端自然向上弯曲。钢板弹簧除具有缓冲作用外，还有一定的减振作用，纵向布置时还具有导向传力的作用，非独立悬挂大多采用钢板弹簧做弹性元件，可省去导向装置和减振器，结

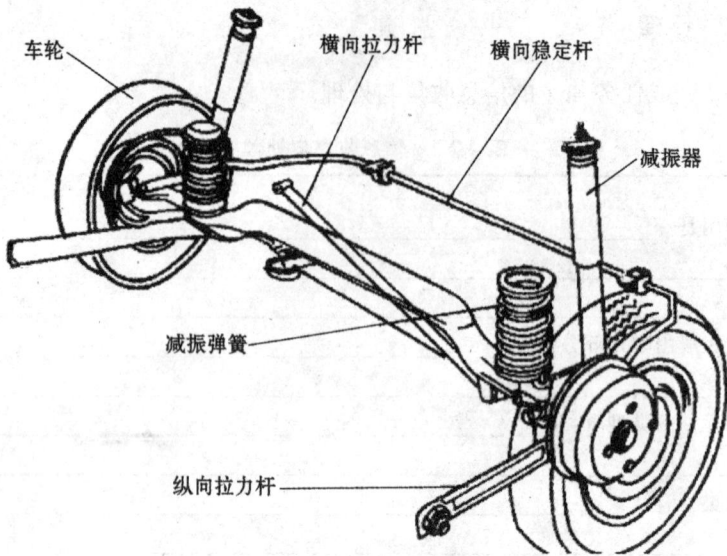

图 4-2-1　汽车悬架

构简单。

　　钢板弹簧由若干长度不等、等宽等厚（厚度也可不等）的弹簧钢片迭成，构成整体上近似于等强度的弹性梁，最长的第一片称为主片，两端有卷耳，自由状态下钢片曲率半径不同，下片小于上片，多片钢板由中心螺栓和若干钢板夹连在一起钢片之间需涂上较稠的石墨润滑脂。

　　（2）螺旋弹簧：如图 4-2-3 所示。只具备缓冲作用，多用于轿车独立悬挂装置。由于没有减振和传力的功能，还必须设有专门的减振器和导向装置。

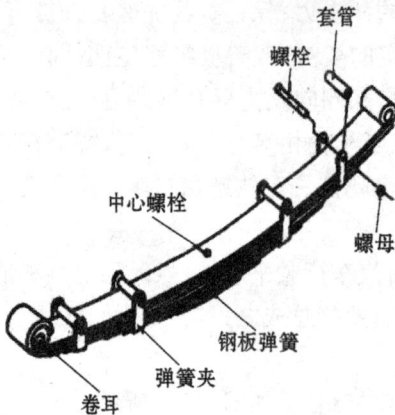

图 4-2-2　钢板弹簧

图 4-2-3　螺旋弹簧

　　（3）油气弹簧：如图 4-2-4 所示。以气体作为弹性介质，液体作为传力介质，它不但具有良好的缓冲能力，还具有减振作用，同时还可调节车架的高度，适用于重型车辆和大客车使用。

　　（4）扭杆弹簧：如图 4-2-5 所示。将用弹簧杆做成的扭杆一端固定于车架，另一端通过摆臂与车轮相连,利用车轮跳动时扭杆的扭转变形起到缓冲作用,适合于独立悬挂使用。

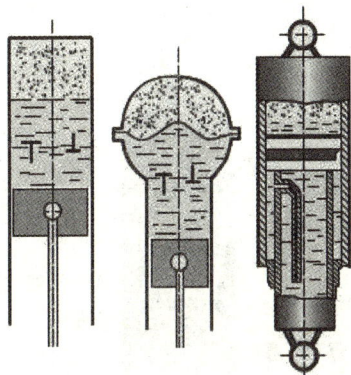

图 4-2-4　油气弹簧　　　　　　　　图 4-2-5　扭力弹簧

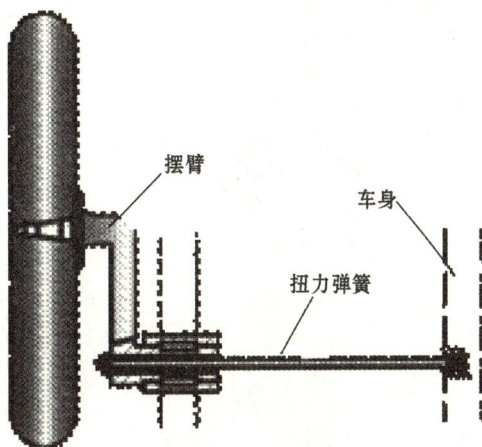

(5) 空气弹簧:如图 4-2-6 所示。空气弹簧非独立悬架可以满足调节车身高度的要求。空气弹簧只承受垂直载荷,纵向力和横向力由悬架中的纵向和横向的推力杆来传递。为了减振,还需要加设减振器。

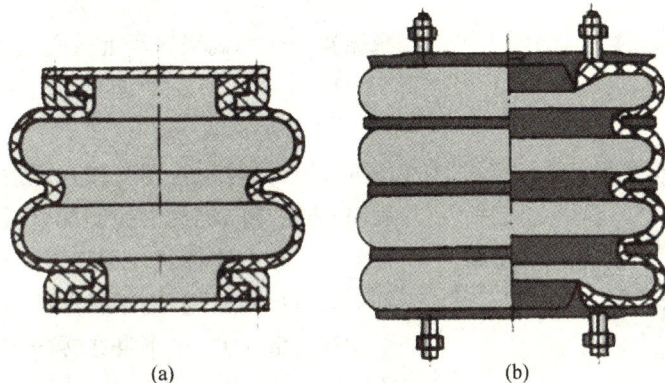

(a)　　　　　　　　　　(b)

图 4-2-6　空气弹簧

2)减振器

减振器用来衰减由于弹性系统引起的振动,减振器的类型有筒式减振器、阻力可调式充气式减振器。

(1) 双向作用筒式减振器:如图 4-2-7 所示。双向作用筒式减振器一般都具有四个阀,即压缩阀、伸张阀、流通阀和补偿阀。

(2) 充气式减振器:充气式减振器是 20 世纪 60 年代以来发展起来的一种新型减振器,其结构如图 4-2-8 所示。

笔记

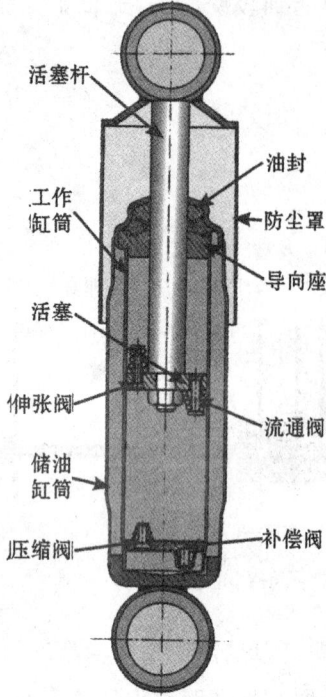

图 4-2-7　双向作用筒式减振器

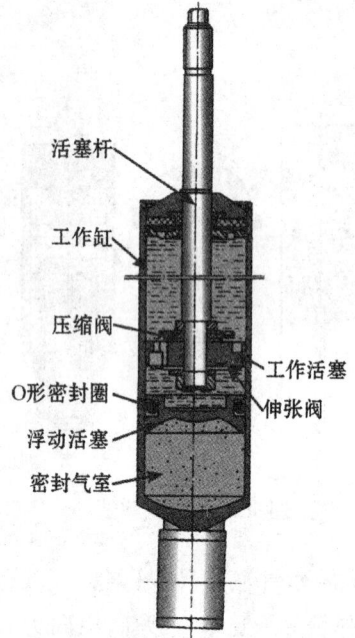

图 4-2-8　充气式减振器

（3）阻力可调式减振器：阻力可调式减振器一般为高级轿车上所使用，其结构如图 4-2-9 所示。

3）导向机构

导向机构用来传递车轮与车身间的力和力矩，同时保持车轮按一定运动轨迹相对车身

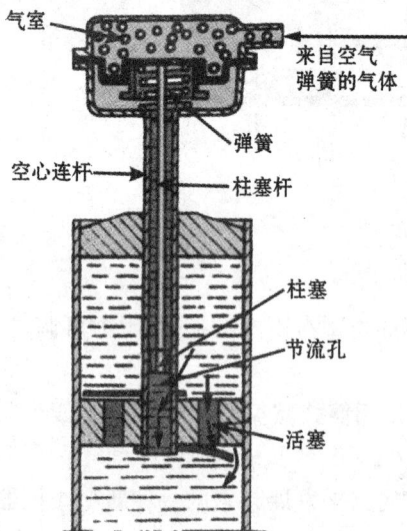

图 4-2-9　阻力可调式减振器

跳动，通常导向机构由控制摆臂式杆件组成。种类有单杆式或多连杆式。钢板弹簧作为弹性元件时，可不另设导向机构，它本身兼起导向作用。有些轿车和客车上，为防止车身在转向等情况下发生过大的横向倾斜，在悬架系统中加设横向稳定杆，目的是提高横向刚度，使汽车具有转向不足特性，改善汽车的操纵稳定性和行驶平顺性。

3. 悬架的类型

根据汽车导向机构不同悬架种类又可分为独立悬架和非独立悬架，图 4-2-10（a）所示为非独立式悬架，图 4-2-10（b）所示为独立式悬架。

非独立式悬架两侧车轮安装在一根车轴的两端，车轴通过弹性元件与车架或车身相连，当一侧车轮因道路不平跳动时，将影响另一侧车轮的工作。一般适用于负荷大的客车和货车。

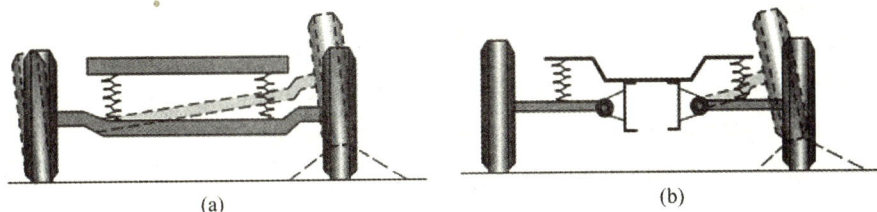

图 4-2-10　汽车悬架的类型

1）非独立式悬架的类型

（1）纵置钢板弹簧式非独立悬架。

一般载货汽车的非独立悬架均采用钢板弹簧作为弹性元件，因钢板弹簧既有缓冲、减振的功能，又起传力和导向的作用，使得悬架结构大为简化。

在板簧式非独立悬架中，钢板弹簧一般是纵向安置，它与车桥的连接绝大多数是用两个"U"形螺栓，将钢板弹簧的中部刚性地固定在车桥上部。钢板弹簧两端通过钢板弹簧销与车架支座活动铰接，以起传力和导向作用，如图 4-2-11 所示。

由于载货汽车后悬架载质量变化较大，为了保持悬架的频率不变或变化不大，广泛地在后悬架中采用后副钢板弹簧总成，如图 4-2-12 所示。

图 4-2-11　纵置钢板弹簧式非独立悬架

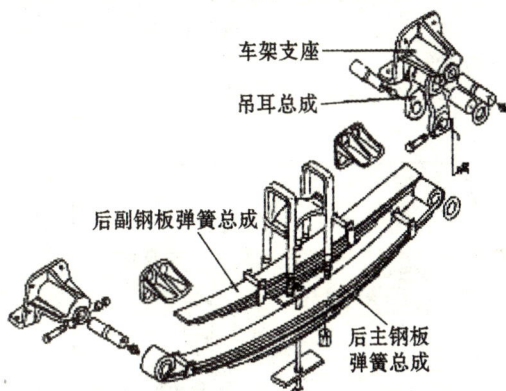

图 4-2-12　主副钢板式非独立悬架

副钢板弹簧总成一般装在主钢板弹簧总成上方，当后悬架负荷较小时，仅由主钢板弹簧起作用。在负荷增加到一定程度时，副钢板弹簧总成与车架上的支架接触，开始起作用。此时，主、副钢板弹簧一起工作，一起承受载荷而使悬架刚度增大，保证车身振动频率不致因载荷增加而变化过大。

（2）螺旋弹簧非独立悬架。

螺旋弹簧非独立悬架一般只用做轿车的后悬架，如图 4-2-13 所示。其纵、横向推力杆是悬架的导向机构，是用来承受和传递车轴和车身之间的纵向和横向作用力及其力矩。

螺旋弹簧本身没有减振作用，并且只能承受垂直载荷，所以螺旋弹簧悬架中必须另装减振器和导向机构。

螺旋弹簧非独立悬架一般只用作轿车的后悬架。图 4-2-14 所示为一汽奥迪 100 型汽车

　后悬架的构造。

减振器下端是吊耳和后桥相连。减振器的外面装有防尘罩,螺旋弹簧就固定在弹簧上、下座。减振器的活塞杆由弹簧上座和弹簧上座橡胶支承中间的通孔穿出,活塞杆上部固定在弹簧上座上。弹簧上座法兰固定在和车身相连的连接件上。

后悬架中,导向元件的横向推力杆下连后桥,上连车身,用来传通车桥和车身之间的横向作用力及其力矩。

加强杆也是下连车桥,上连车身,此杆的作用是加强横向椎力杆的安装强度,并可减轻车重和使车身受力均匀。

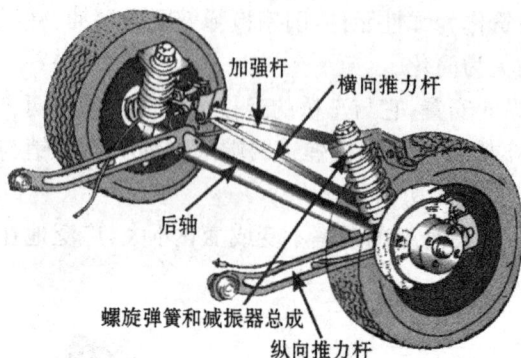

图 4-2-13　螺旋弹簧非独立悬架

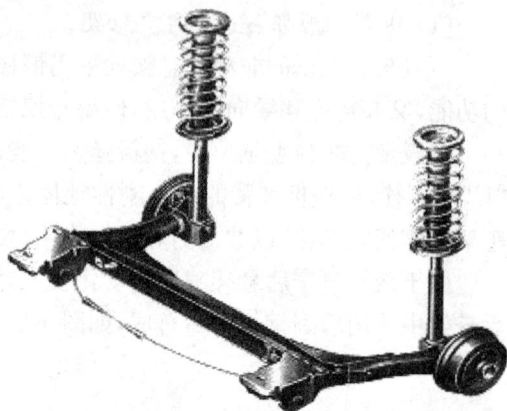

图 4-2-14　奥迪 100 螺旋弹簧非独立悬架

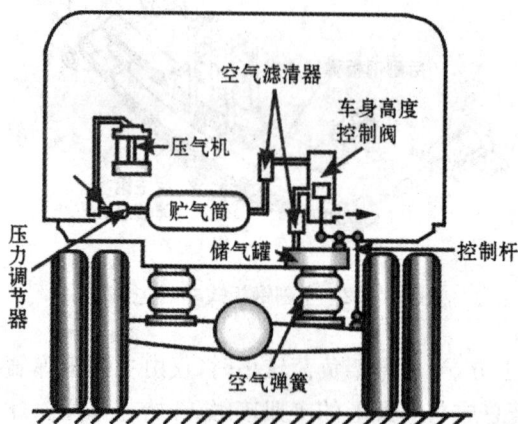

图 4-2-15　空气弹簧非独立悬架

（3）空气弹簧非独立悬架。

图 4-2-15 所示为空气弹簧非独立悬架示意图。囊式空气弹簧的上下端分别固定在车架和车桥（或与车桥相连的支架）上。从压气机产生的压缩空气经油水分离器和压力调节器进入贮气筒。

空气弹簧非独立悬架可以满足调节车身高度的要求。空气弹簧只承受垂直载荷,纵向力和横向力由悬架中的纵向和横向的推力杆来传递。为了减振,还需要加设减振器。

图中囊式空气弹簧的上下端分别固定在车架和车桥上。从压气机产生的压缩空气进入贮气筒。储气罐通过管路与两个空气弹簧相通。储气罐和空气弹簧中的空气压力由车身高度控制阀控制。

空气弹簧和螺旋弹簧一样只能传递垂直力;其纵向力和横向力及其力矩也是由纵向推力杆和横向推力杆来传递。

采用空气弹簧悬架时,可以通过车身高度控制阀来改变空气弹簧内的空气压力,从而自动调节车身高度,以保证车身高度不因载荷变化而变化。

2）独立式悬架的类型

独立悬架按车轮运动形式分可分为以下 4 类：

（1）车轮在汽车横向平面内摆动的悬架，如图 4-2-16(a)所示。

（2）车轮在汽车纵向平面内摆动的悬架，如图 4-2-16(b)所示。

（3）车轮在汽车的斜向平面内摆动的悬架，如图 4-2-16(c)所示。

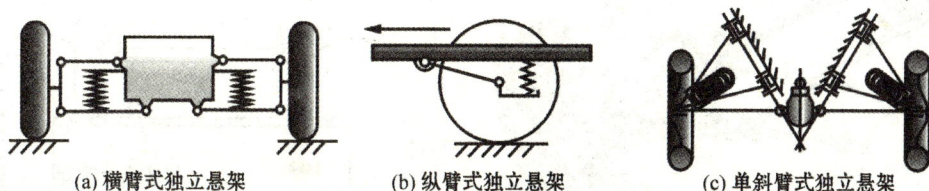

(a) 横臂式独立悬架　　　(b) 纵臂式独立悬架　　　(c) 单斜臂式独立悬架

图 4-2-16　独立悬架的类型

（4）车轮沿主销移动的悬架，其中包括：烛式悬架，如图 4-2-17a 所示；麦弗逊式悬架，如图 4-2-17(b)所示。

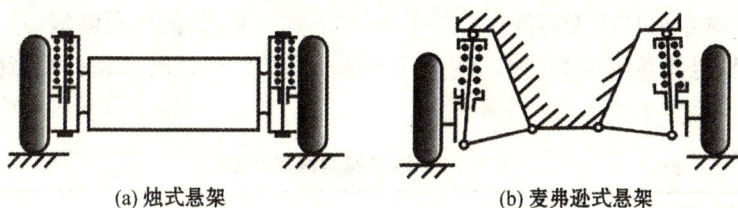

(a) 烛式悬架　　　　　　(b) 麦弗逊式悬架

图 4-2-17　独立悬架的类型

4. 横向稳定杆

横向稳定杆是汽车悬架中的一种辅助弹性元件。它的作用是防止车身在转弯时发生过大的横向侧倾。目的是防止汽车横向倾翻和改善平顺性。

横向稳定杆是用弹簧钢制成的扭杆弹簧，形状呈"U"形，横置在汽车的前端和后端。杆身的中部，用套筒与车架铰接，杆的两端分别固定在左右悬架上。当车身只作垂直运动时，两侧悬架变形相同，横向稳定杆不起作用。当车身侧倾时，两侧悬架跳动不一致，横向稳定杆发生扭转，杆身的弹力成为继续侧倾的阻力，起到横向稳定的作用。

现代轿车悬架很软，即固有频率很低，为提高悬架的侧倾角刚度，减小横向倾斜，常在悬架中添设横向稳定杆，保证良好操纵稳定性。如图 4-2-18 所示。弹簧钢制成的横向稳定杆呈扁平的 U 形，横向地安装在汽车前端或后端(也有轿车前后都装横向稳定器)。稳定杆的中部的两端自由地支承在两个套筒内，套筒固定于车架上。横向稳定杆的两侧纵向部分的末端通过支杆与悬架下摆臂相连。

如图 4-2-19 所示。当两则悬架变形相同时，横向稳定器不起作用。当两侧悬架变形不等时，车身相对路面横向倾斜时，车架一侧移近弹簧支座，稳定杆的同侧末端就随车架向上移动，而另一侧车架远离弹簧座，相应横向稳定杆的末端相对车架下移，横向稳定杆中部对于车架没有相对运动，而稳定杆两边的纵向部分向不同方向偏转，于是稳定杆被扭转。弹性的稳定杆产生扭转内力矩就阻碍悬架弹簧的变形，减少了车身的横向倾斜和横向角振动。

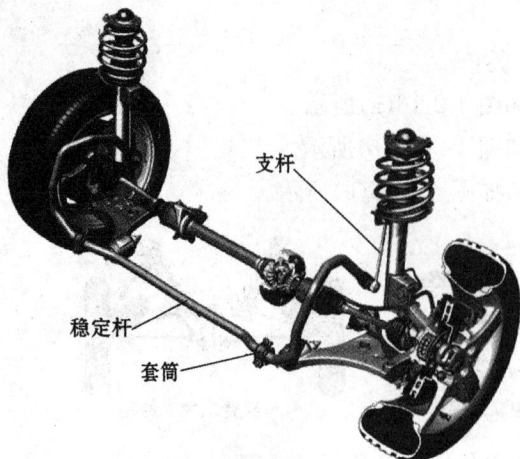

图 4-2-18　汽车横向稳定杆

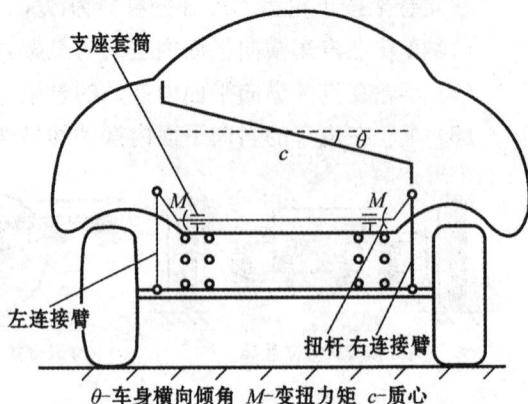

θ-车身横向倾角　M-变扭力矩　c-质心

图 4-2-19　汽车横向稳定杆工作原理

三、制订检修计划

　　一辆 2006 款东风日产天籁汽车行驶了 40 000 多公里，车辆出现倾斜，进入维修厂进行维修。查阅车辆悬架系统的类型信息描述及结构组成等，制订汽车倾斜故障的检修计划如表 4-2-3 所示。

表 4-2-3　汽车倾斜检修计划

1. 查阅维修资料，了解车辆悬架类型特点 2. 查阅维修手册，熟悉车辆悬架检修规范 3. 查阅技术通报，熟练车辆倾斜故障检修流程			
1. 车辆信息描述	车　辆　描　述		
	悬架类型	减振器	
		减振弹簧	
		悬架系统结构及类型	
2. 汽车倾斜的故障现象描述			
3. 汽车倾斜故障原因分析，画出鱼刺图			

（续表）

4.汽车倾斜故障检修工作准备	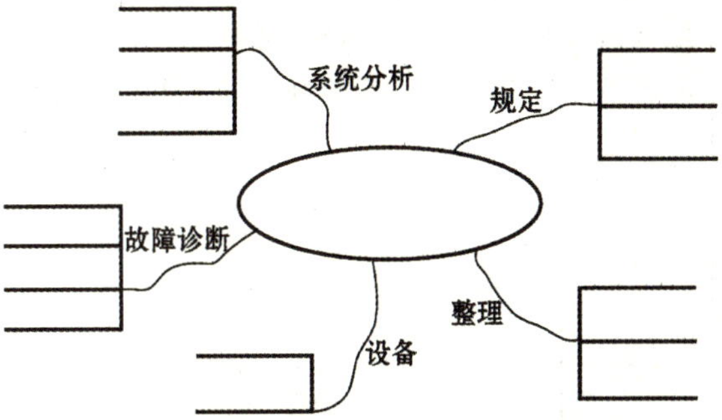 系统分析　规定　故障诊断　整理　设备

	步骤	检修项目	操作要领	技术要求或标准	检修记录
5.汽车倾斜故障检修流程					

四、实施维修作业

汽车倾斜检修作业如表4-2-4所示。

表4-2-4　汽车倾斜检修作业

收集汽车悬架系统检修相关信息,制订汽车悬架主要部件的检修规范,并实施维修作业			
减振弹簧的检查	1.检查减振弹簧是否变形和折断,有则应更换 2.检查减振弹簧是否松动,有则紧固其连接螺栓 3.检查减振弹簧的弹力和自由长度,弹力和自由长度不在标准范围内应更换 4.检查各减振弹簧的弹力和自由长度是否相同,不同应进行更换		
	检查内容	操 作 要 领	检修记录

（续表）

减振器的检查	1. 检查减振器是否漏油,有则更换 2. 检查减振器是否变形,有则更换 3. 检查减振器连接是否松动,有则紧固其连接螺栓		
	检查内容	操 作 要 领	检修记录
横向稳定杆检修	1. 检查横向稳定杆是否变形,有则更换 2. 检查横向稳定杆连接是否松动,有则紧固其连接螺栓 3. 检查横向稳定杆连接球头是否损坏,有则更换		
	检查内容	操 作 要 领	检修记录

五、检验评估

项目四任务 4.2 的检验评估如表 4-2-5 所示。

表 4-2-5　检验评估

检验与评价内容	检 验 指 标	权重	自评	互评	总评
维修质量检验	悬架系统正常,汽车不倾斜	4			
检查任务完成情况	1. 能描述汽车悬架系统主要部件的作用与原理 2. 在小组完成任务过程中所起的作用	3			
职业素养	1. 学习态度:积极主动参与学习 2. 团队合作:与小组成员一起分工合作,不影响学习进度 3. 现场管理:服从工位安排、执行实训室"5S"管理规定	3			
综合评议与建议					

笔记

任务4.3　诊断与排除汽车电控悬架工作失效故障

任务描述	针对维修接待和车间确认意见,本任务首先要通过对汽车电控悬架系统进行外部检查、空气压缩机检修、电控减振器检修、空气弹簧检修等系列工作,排除汽车电控悬架工作失效故障
任务目标	1. 理解汽车电控悬架系统的结构及工作原理,能分析电控悬架工作失效的故障原因 2. 掌握汽车电控悬架系统检修规范 3. 会排除汽车电控悬架工作失效故障,并按规范进行维修质量检验

一、维修接待

按照表4-3-1完成任务4.3待修车辆的维修接待与接车问诊表。

表4-3-1　任务4.3维修接待与接车问诊表

1. 通过询问客户了解电控悬架发生故障情况,填写接车问诊表
2. 车间检测初步确认结果及主要故障零部件

接车问诊表

车牌号:＿＿＿＿＿　车架号:＿＿＿＿＿　行驶里程:＿＿＿＿＿(km)

用户名:＿＿＿＿＿　电　话:＿＿＿＿＿　来店时间:＿＿＿/＿＿＿

用户陈述及故障发生时的状况:**一辆2007款进口凌志L400汽车在行驶中,发现汽车电控悬架工作失效;进入维修厂进行维修**

故障发生时的状况提示:**行驶速度、发动机状态、发生频率、发生时间、部位、天气、路面状况、声音描述**

接车员检测确认建议:**需进行拆检维修**

车间检测确认结果及主要故障零部件:**需进行转向系的外部检查、检漏,必要进需更换相应部件**

车间检查确认者:＿＿＿＿＿

外观确认:

（请在有缺陷部位作标识）

功能确认:(工作正常√　不正常×)
□音响系统　□门锁(防盗器)　□全车灯光　□工具
□后视镜　　□顶窗　　　　　□座椅　　　□点烟器
□玻璃升降器　□玻璃

物品确认:(有√　无×)
□贵重物品提示
□工具　□备胎　□灭火器
□其他(　　　　　)
旧件是否交还用户　□是　□否
用户是否需要洗车　□是　□否

- 检测费说明:本次检测的故障如用户在本店维修,检测费包含在修理费用内;如用户不在本店维修,请您支付检测费。本次检测费:￥＿＿＿元。
- 贵重物品:在将车辆交给我店检查修理前,已提示将车内贵重物品自行收起并保存好,如有遗失恕不负责。

接车员:＿＿＿＿＿　　　　用户确认:＿＿＿＿＿

笔记

二、信息收集与处理

按照表 4-3-2 完成任务 4.3 的信息收集与处理。

表 4-3-2 信息收集与处理

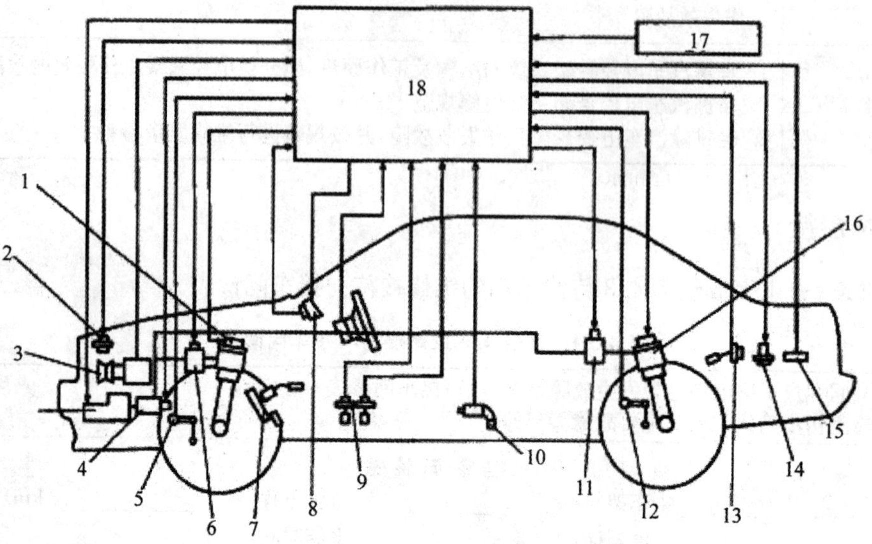

序号	部件名称	作　　用
1		
2		
3		
4		
5		
6		
7		
8		
9		
10		
11		
12		
13		
14		
15		
16		
17		
18		

（续表）

---

1. 汽车电控悬架系统的类型：_____

2. 汽车空气弹簧的构造和原理：_____
_____
_____

3. 汽车电控减振器的构造和原理：_____
_____
_____

4. 汽车车身高度传感器的构造和原理：_____
_____
_____

传统悬架的弹簧刚度和减振器阻尼力是按经验或优化设计确定，悬架参数一经选定就不可调节，而电控悬架系统则能够根据车辆运动状态和路面情况，对悬架的刚度、阻尼力以及车身高度等参数进行适时调节，大大提了乘坐舒适性和操纵稳定性。

电控悬架系统的形式有很多种，常见的有电子控制空气弹簧悬架系统、电子控制油气弹簧系统、带路况预测传感器的主动式悬架系统等，目前在豪华轿车、赛车、越野汽车及大客车中都有装用电控悬架系统的例子。

丰田公司的凌志 LS400，LS430 轿车，福特公司的林肯。三菱公司的格兰特（GALANT）轿车等采用了电控空气弹簧悬架系统。

本任务以丰田凌志 LS400 为例介绍电控悬架系统。

1．系统控制功能

丰田凌志 LS400 的电控悬架系统主要对车速及路面感应、车身姿态、车身高度三个方面进行控制。

1）车速与路面感应控制

（1）当车速高时，提高弹簧刚度和减振器阻尼力，以提高汽车高速行驶时的操纵稳定性。

（2）当前轮遇到突起时，减小后轮悬架弹簧刚度和减振器阻尼力，以减小车身的振动和冲击。

（3）当路面差时，提高弹簧刚度和减振器阻尼力，以抑制车身的振动。

2）车身姿态控制

（1）转向时侧倾控制：急转向时，提高弹簧刚度和减振器阻尼力，以抑制车身的侧倾。

（2）制动时点头控制：紧急制动时，提高弹簧刚度和减振器阻尼力，以抑制车身的点头。

（3）加速时后坐控制：急加速时，提高弹簧刚度和减振器阻尼力，以抑制车身的后坐。

3）车身高度控制

（1）高速感应控制：车速超过 90km/h，降低车身高度，以减少空气阻力，提高汽车行驶的稳定性。

（2）差路面连续行驶控制：车速在 40～90km/h，提高车身高度，以提高汽车的通过性；车速在 90km/h 以上，降低车身高度，以满足汽车行驶的稳定性。

（3）点火开关 OFF 控制：驻车时，当点火开关关闭后，降低车身高度，便于乘客乘坐。

（4）自动高度控制：当乘客和载质量变化时，保持车身高度恒定。

2. 系统操作

丰田凌志 LS400 的电控悬架系统有三个操作选择开关：高度控制 ON/OFF 开关、高度控制开关和 LRC（模式控制）开关。

高度控制 ON/OFF 开关安装在汽车尾部后备箱的左边。当高度控制 ON/OFF 开关处于 ON 位置时，系统可按选择方式进行车身高度自动控制；当该开关处于 OFF 位置时，系统不执行车身高度控制。

高度控制开关和 LRC（模式控制）开关安装在驾驶室内变速操纵杆的旁边。

高度控制开关用于选择控制车身高度，当高度控制开关处于"HIGH（高）"位置时，系统对车身高度进行"高值自动控制"；当高度控制开关处于"NORM"位置时，车身高度则进入"常规值自动控制"状态。

LRC（模式控制）开关用于选择控制悬架的刚度、阻尼力参数。当 LRC（模式控制）开关处于"SPORT"位置时，系统进入"高速行驶自动控制"；当 LRC（模式控制）开关处于"NORM"位置时，系统对悬架刚度、阻尼力进行"常规值自动控制"。此时，悬架 ECU 根据车速传感器等信号，使悬架的刚度、阻尼力自动地处于软、中或硬 3 种状态。

3. 系统组成

电控悬架系统的组成与汽车上其他电控系统相似，都是由信号输入、电子控制单元（ECU）、执行器三部分组成。

图 4-3-1 是凌志 LS400 电控悬架系统的原理框图。

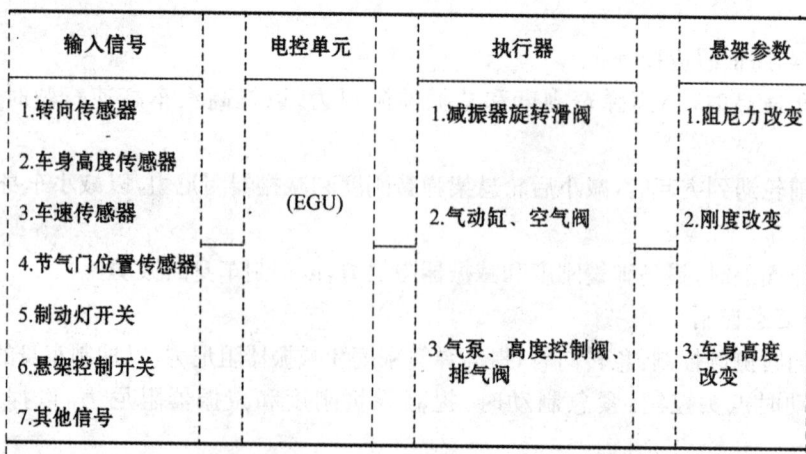

输入信号	电控单元	执行器	悬架参数
1.转向传感器		1.减振器旋转滑阀	1.阻尼力改变
2.车身高度传感器			
3.车速传感器	(EGU)	2.气动缸、空气阀	2.刚度改变
4.节气门位置传感器			
5.制动灯开关			
6.悬架控制开关		3.气泵、高度控制阀、排气阀	3.车身高度改变
7.其他信号			

图 4-3-1　凌志 LS400 电控悬架系统控制方框图

4. 系统各部件的作用

1）输入信号

转向传感器的作用是检测汽车转弯方向和转向角度，用于抑制汽车急转弯时的侧倾。

车速传感器信号与转向传感器信号一起用来计算车身侧倾程度。

车身高度传感器用来检测因路面不平而引起的悬架位移量，间接测量汽车车身高度。

节气门位置传感器用于检测节气门的开启角度和开启速度，获取汽车加速度信号，用作防止汽车加速时车身后仰的控制。制动灯开关信号用来作为防止汽车制动"点头"控制的一个起始状态。

悬架控制开关包括减振器与空气弹簧模式选择开关、车身高度控制开关。

2）电控单元（ECU）

电控单元对传感器输入的电信号进行综合处理，向执行器发出控制指令。

3）执行器

悬架控制执行器的作用是根据需要把减振器调节到软、中、硬三种不同阻尼状态，把空气弹簧调节到软、中、硬三种不同刚度状态。车身高度执行器包括空气压缩机、高度控制阀、排气阀等，它们用来调节空气弹簧的长短达到升高和降低车身的目的。

5. 各部件的安装位置

不同车型悬架系统的组成不同，各部件在车上的安装位置也不同，图 4-3-2 是 LS400 轿车电控悬架系统元器件安装位置图。

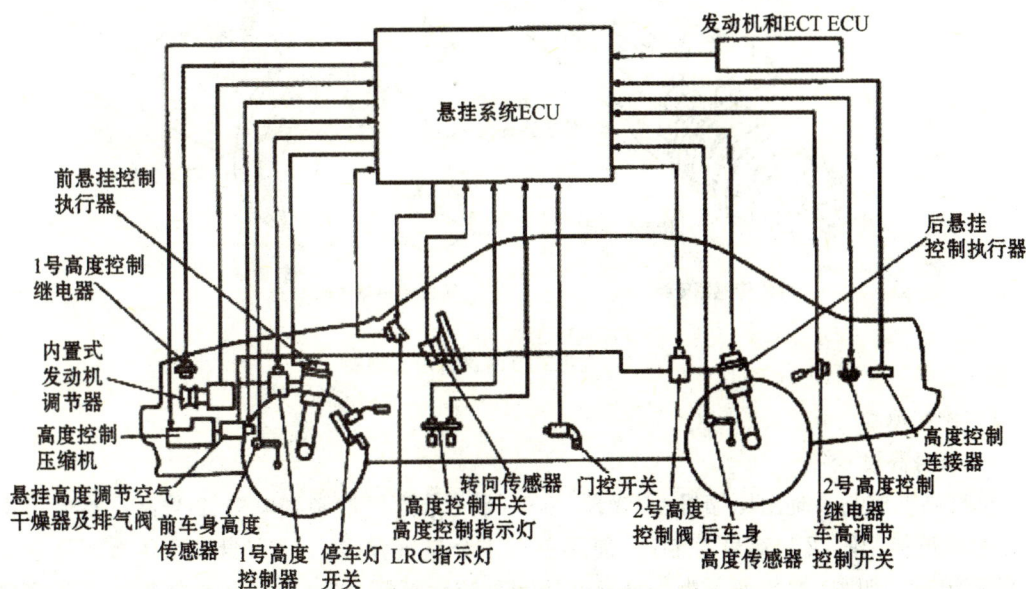

图 4-3-2　LS400 电控悬架系统元器件安装位置图

6. 光电式车身高度传感器

如图 4-3-3 所示。

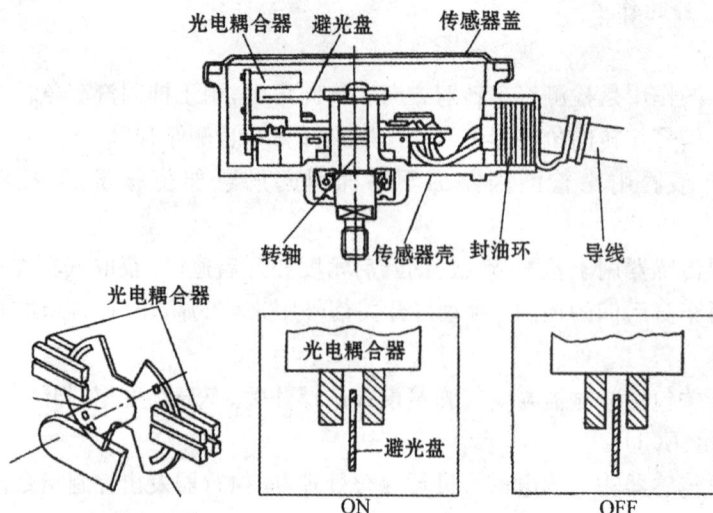

图 4-3-3　光电式车身高度传感器

7. 光电式方向盘转角传感器

电式方向盘转角传感器是用来检测方向盘转动的角度和方向,用来检测汽车转弯的程度,防止车辆在中高速转弯时车身过度倾斜(图 4-3-4)。

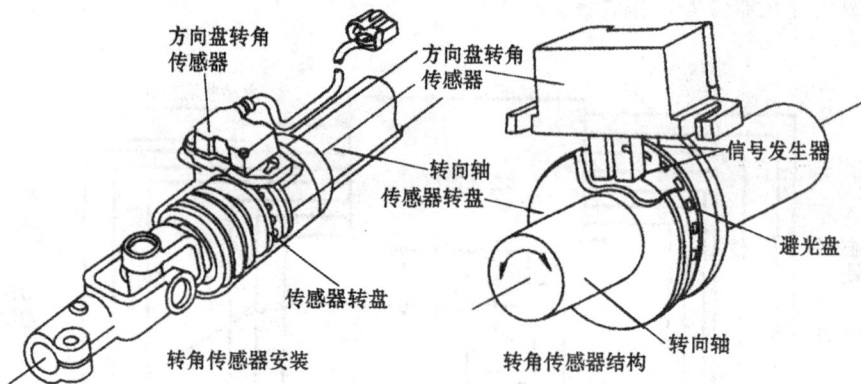

图 4-3-4　光电式方向盘转角传感器

8. 控制原理

1)车身高度控制

车身高度控制系统由压缩机、干燥器、排气阀、1 号高度控制继电器、2 号高度控制继电器、1 号高度控制阀、2 号高度控制阀、前后左右 4 个空气弹簧、4 个车身高度传感器及悬架 ECU 等组成。如图 4-3-5 所示为车身高度控制系统示意图,图 4-3-6 所示为 1 号、2 号高度控制阀控制电路图,图 4-3-7 所示为空气压缩机控制电路图。

当点火开关接通时,ECU 使 2 号高度控制继电器线圈通电,2 号高度控制继电器触点闭合,使前、后、左、右 4 个高度传感器接通蓄电池电源。当车身高度需要上升时,从 ECU 的 RCMP 端子送出一个信号,使 1 号高度控制继电器接通,1 号高度控制继电器触点闭合,压

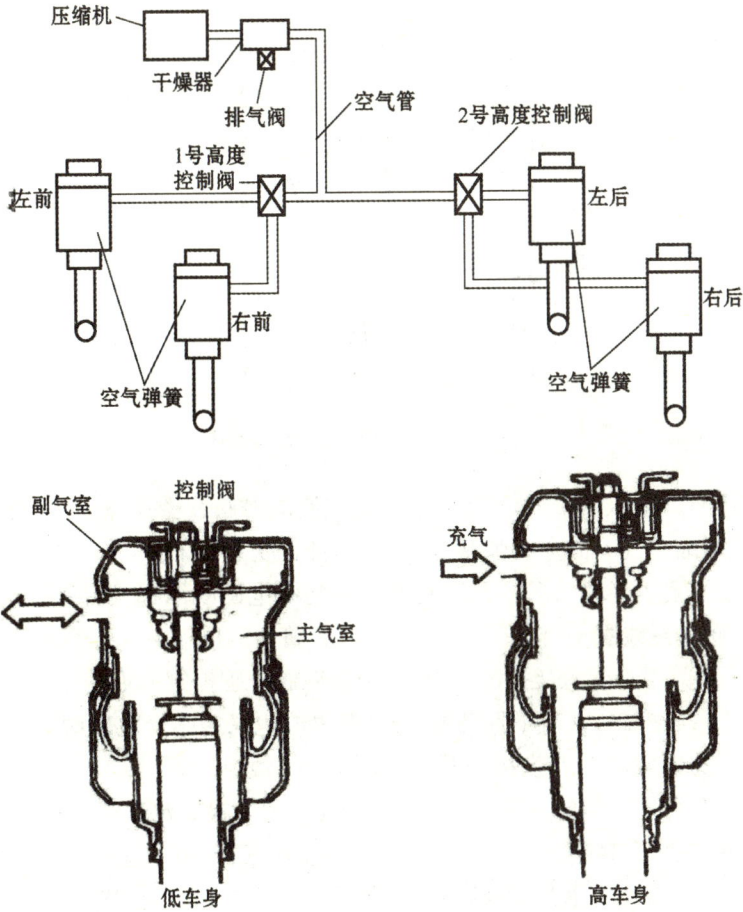

图 4-3-5　车身高度控制系统示意图

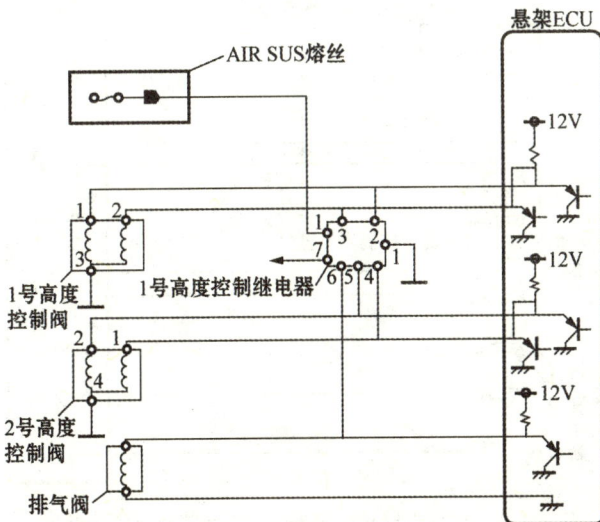

图 4-3-6　高度控制阀控制电路图

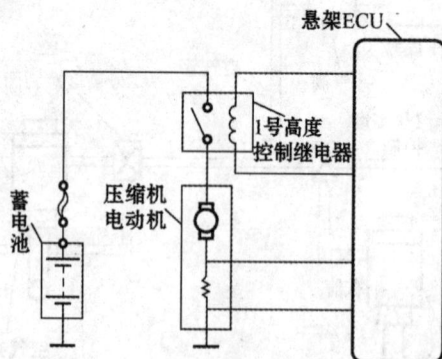

图 4-3-7　空气压缩机控制电路图

缩机控制电路接通产生压缩空气。ECU 使高度控制电磁阀线圈通电后,电磁线圈将高度控制阀打开,并将压缩空气引向空气弹簧,从而使车身高度上升。

当车身高度需要下降时,ECU 不仅使高度控制阀电磁线圈通电,而且还使排气阀电磁线圈通电,排气阀电磁线圈使排气阀打开,将空气弹簧中的压缩空气排到大气中。

1 号高度控制阀用于前悬架控制,它有两个电磁阀分别控制左右两个空气弹簧。2 号高度控制阀用于后悬架控制,它与 1 号高度控制阀一样,也采用两个电磁阀。为了防止空气管路中产生不正常的压力,2 号高度控制阀中采用了一个溢流阀。

悬架系统的车身高度传感器采用光电式传感器,为了检测汽车高度和因道路不平而引起的悬架位移量,在每个悬架上都装有一只车身高度传感器,用于连续监测车身与悬架下臂之间的距离。如图 4-3-8 所示为车身高度传感器与 ECU 之间的连接电路图。

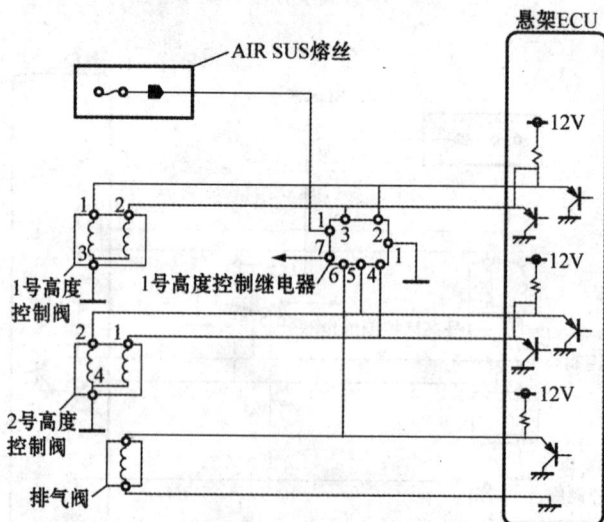

图 4-3-8　车身高度传感器与 ECU 之间的连接电路图

2) 弹簧刚度和减振器阻尼力控制

电子控制空气悬架系统空气弹簧的结构如图 4-3-9 所示。悬架系统弹簧刚度和减振器阻尼力控制执行器安装在空气弹簧的上部,悬架控制执行器电路如图 4-3-10 所示,ECU 将信号送至悬架控制执行器以同时驱动减振器的阻尼调节杆和空气弹簧的气阀控制杆,从而改变减振器的阻尼力和悬架弹簧刚度。

笔记

图 4-3-9　空气弹簧的结构

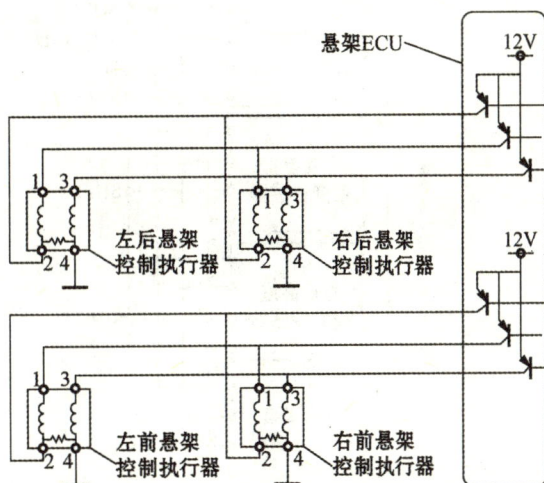

图 4-3-10　悬架控制执行器电路

3) 系统电路图

图 4-3-11 所示为 LS400 电子控制空气悬架系统的线路连接图。图 4-3-12 所示为悬架系统 ECU 连接器。

表 4-3-3 所示为连接器各接线端子与 ECU 连接对象的对应关系。

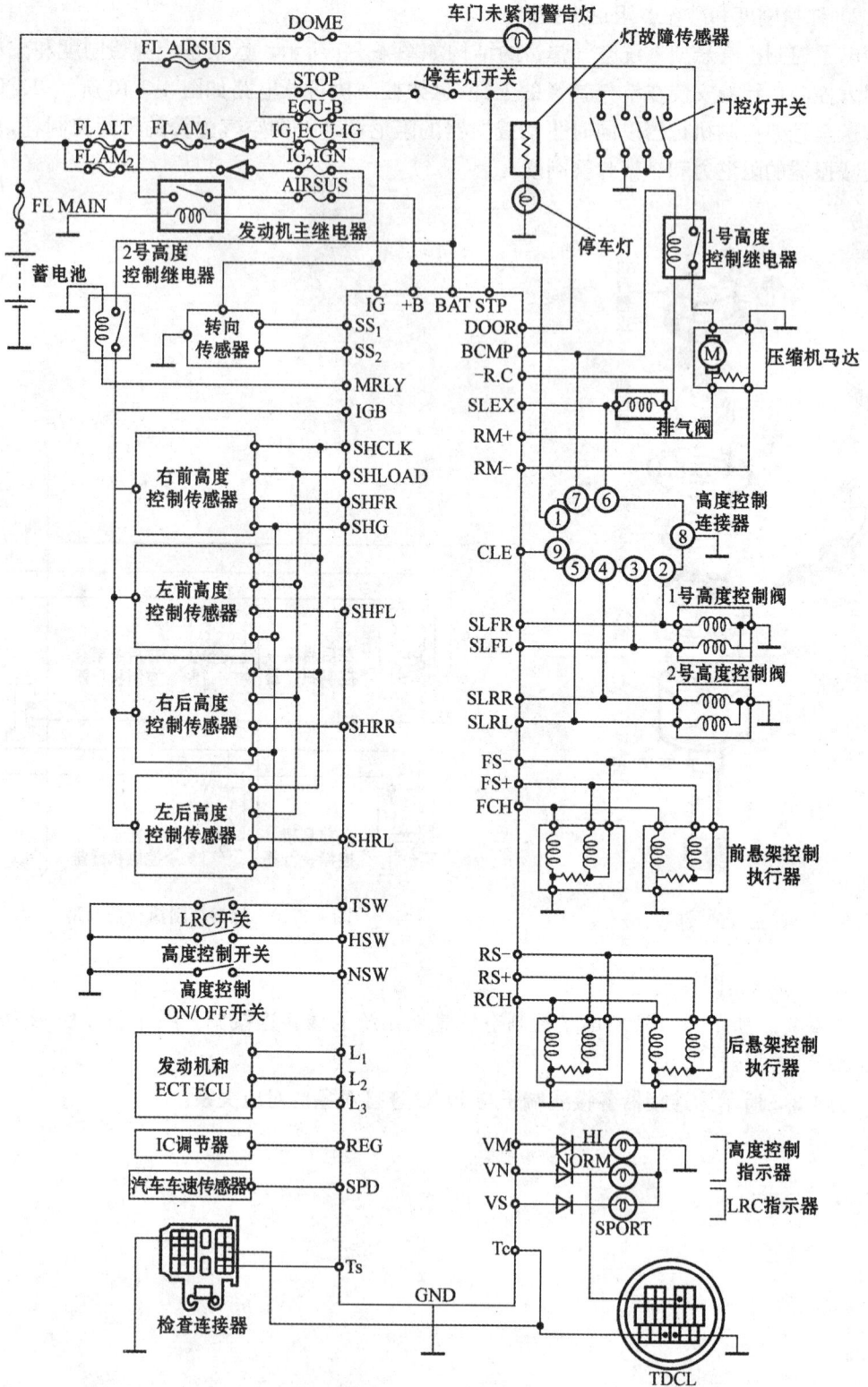

图 4-3-11　LS400 电子控制空气悬架系统的线路连接图

笔记

| 51 | 50 | 49 | 48 | 47 | 46 | 45 | 44 | 43 | 42 | 41 | 40 | 39 | | 30 | 29 | 28 | 27 | 26 | 25 | 24 | 23 | | 11 | 10 | 9 | 8 | 7 | 6 | 5 | 4 | 3 | 2 | 1 |
| 64 | 63 | 62 | 61 | 60 | 59 | 58 | 57 | 56 | 55 | 54 | 53 | 52 | | 38 | 37 | 36 | 35 | 34 | 33 | 32 | 31 | | 22 | 21 | 20 | 19 | 18 | 17 | 16 | 15 | 14 | 13 | 12 |

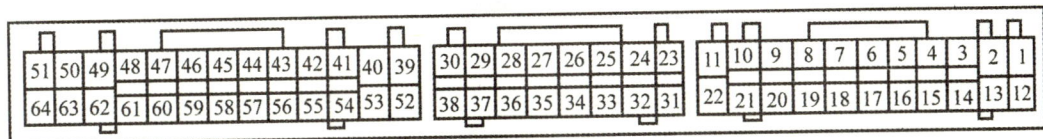

图 4-3-12 悬架系统 ECU 连接器

表 4-3-3 连接器各接线端子与 ECU 连接对象的对应关系

序号	代号	连接对象	序号	代号	连接对象
1	SLFR	1 号右高度控制阀	33		
2	SLRR	2 号右高度控制阀	34	CLE	高度控制连接器
3	RCMP	1 号高度控制继电器	35		
4	SHRL	左后高度控制传感器	36		
5	SHRR	右后高度控制传感器	37		
6	SHFL	左前高度控制传感器	38	RM−	压缩机电动机(马达)
7	SHFR	右前高度控制传感器	39	+B	悬架控制执行器电源
8	NSW	高度控制 ON/OFF 开关	40	IGB	高度控制电源
9			41	BATT	备用电源
10	TSW	LRC 开关	42		
11	STP	停车灯开关	43	SHLOAD	高度控制传感器
12	SLFL	1 号左高度控制阀	44	SHCLK	高度控制传感器
13	SLRL	2 号左高度控制阀	45	MRLY	2 号高度控制继电器
14			46	VH	高度控制"High"指示灯
15			47	VN	高度控制"Nomal"指示灯
16			48		
17			49	FS+	前悬架控制执行器
18			50	FS−	前悬架控制执行器
19			51	FCH	前悬架控制执行器
20	DOOR	门控灯开关	52	IC	点火开关
21	HSW	高度控制开关	53	GND	ECU 搭铁
22	SLEX	排气阀	54	−RC	1 号高度控制继电器
23	L_1	发动机和 ECT ECU	55	SHG	高度控制传感器
24	L_3	发动机和 ECT ECU	56		
25	T_c	TDCL 和检查连接器	57		
26	T_2	检查连接器	58		
27	SPD	汽车车速传感器	59	VS	LRC 指示灯
28	SS_2	转向传感器	60		
29	SS_1	转向传感器	61		
30	RM+	压缩机传感器	62	RS+	后悬架控制执行器
31	L_2	发动机和 ECT ECU	63	RS−	后悬架控制执行器
32	REG	IG 调节器	64	RCH	后悬架控制执行器

三、制订检修计划

一辆 2008 款进口丰田雷克萨斯汽车在行驶中,发现汽车电控悬架失效,进入维修厂进行维修。查阅车辆电控悬架系统的类型信息描述及结构组成等,制订汽车电控悬架失效故障的检修计划如表 4-3-4 所示。

表 4-3-4　汽车电控悬架失效故障检修计划

1. 查阅维修资料,了解车辆电控悬架类型特点 2. 查阅维修手册,熟悉车辆电控悬架检修规范 3. 查阅技术通报,熟练车辆电控悬架失效故障检修流程		
1. 车辆信息描述	车　辆　描　述	
	动力转向类型	
2. 车辆电控悬架失效故障现象描述		
3. 汽车电控悬架失效故障原因分析,画出鱼刺图		
4. 汽车电控悬架失效故障检修工作准备		

（续表）

	步骤	检修项目	操作要领	技术要求或标准	检修记录
5. 汽车电控悬架失效故障检修流程					

四、实施维修作业

汽车电控悬架失效故障检修作业如表 4-3-5 所示。

表 4-3-5　汽车电控悬架失效故障检修作业

收集汽车电控悬架检修相关信息，制订汽车电控悬架主要部件的检修规范，并实施维修作业。当系统出现故障时，电子控制单元将其故障信息以代码形式显示出来，以使维修人员快速、准确地判断出故障类型及故障部位。下面以丰田雷克萨斯 LS400 电控悬架系统为例介绍电控悬架系统的故障自诊断测试方法

检查步骤	检修项目	操作要领		检修记录
初步检查	汽车高度调整功能的检查	1. 检查轮胎气压是否正常（前后分别为 2.3 kg/cm^2 和 2.5kg/cm^2） 2. 检查汽车高度（下横臂安装螺栓中心到地面的距离） 3. 如右图所示，将高度控制开关由 NORM 转换到 HIGH，车身高度应升高 10～30mm，所需时间为 20～40s	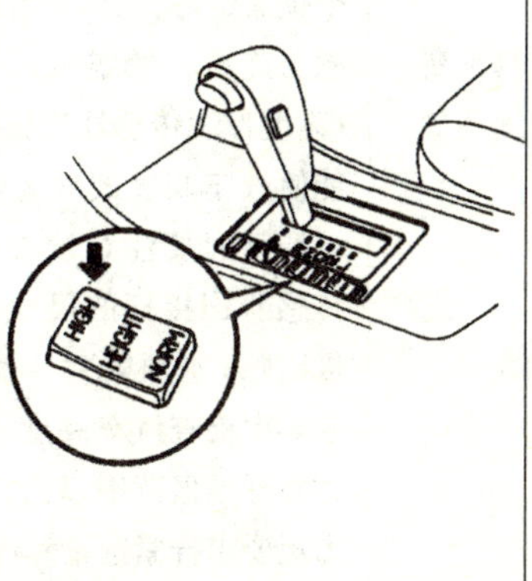	

笔记

检查步骤	检修项目	操作要领		检修记录
初步检查	溢流阀的检查	1. 点火开关置于 ON,将高度控制连接器的 1,7 端子短接,使压缩机工作 2. 压缩机工作一会后,检查溢流阀是否放气,如果不放气说明溢流阀堵塞、压缩机故障或有漏气的部位 3. 检查结束后,将点火开关置于 OFF,清除故障码	空气	
	漏气检查	1. 将高度控制开关置于 HIGH 位置 2. 使发动机熄火 3. 在管子的接头处涂抹肥皂水,以检查漏气		
调整	**检修项目**	**操作要领**	**示意图(或步骤)**	**检修记录**
	汽车高度调整	首先将汽车停在水平地面上,检查汽车高度。若汽车的高度处在标准值范围以内,就不必进行汽车的高度调整,否则按下面步骤进行汽车的高度调整:①拧松高度控制传感器连接杆上的两个锁紧螺母;②转动高度控制传感器连接杆的螺栓以调节长度(高度控制传感器连接杆每一圈能使汽车高度改变大约 4mm);③调整时要注意检查高度控制传感器连接杆的尺寸是否小于极限值;④预紧两个锁紧螺母;⑤再次检查汽车高度,直到车高达到标准值范围以内;⑥按拧紧力矩要求拧紧锁紧螺母	 车身　传感器　杠杆　连杆　L	

笔 记

（续表）

检查步骤	检修项目	操作要领	示意图（或步骤）	检修记录
检查	指示灯 检查	1. 点火开关置于 ON 2. LRC 指示灯（SPORT 指示灯）和 HEIGHT 指示灯（NORM 和 HI 指示灯）应点亮 2s，指示灯的位置如右图所示 3. 如果 NORM 指示灯以每 1s 的间隔闪亮时，表明 ECU 中存有故障码，如果出现故障，应检查相应电路	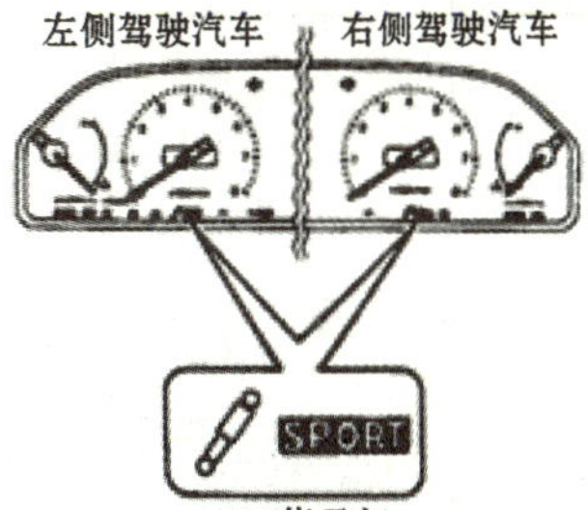 左侧驾驶汽车 右侧驾驶汽车 SPORT LRC指示灯 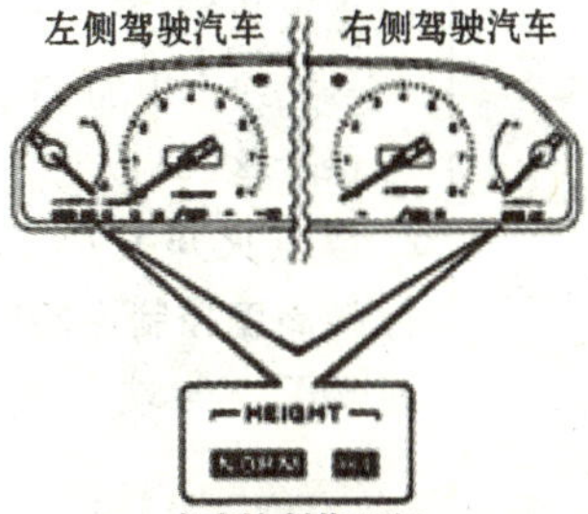 左侧驾驶汽车 右侧驾驶汽车 HEIGHT 高度控制指示灯	
检查 故障码	读取 故障码	1. 点火开关置于 ON 2. 跨接 TDCL 或检查连接器的 TC 与 E1 端子如右图所示 3. 从 NORM 指示灯的闪烁读取故障码，NORM 指示灯的位置如右图所示 4. 如果高度控制 ON/OFF 开关置于 OFF 位置，会输出代码 71，这是正常的	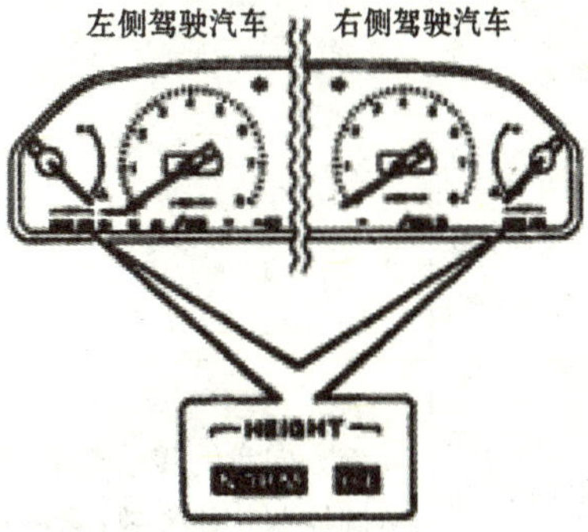 左侧驾驶汽车 右侧驾驶汽车 HEIGHT 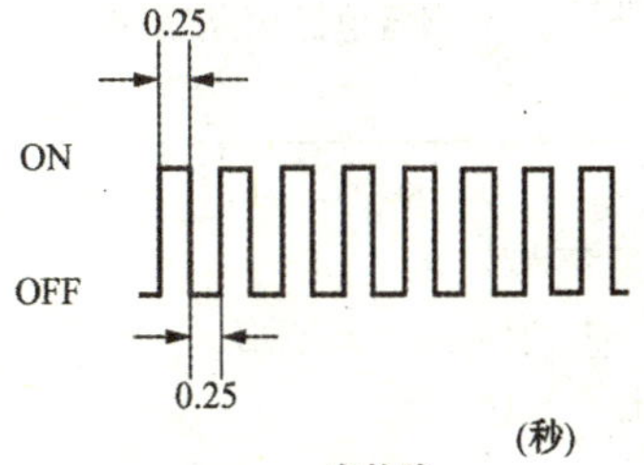 0.25 ON OFF 0.25 (秒) 有故障 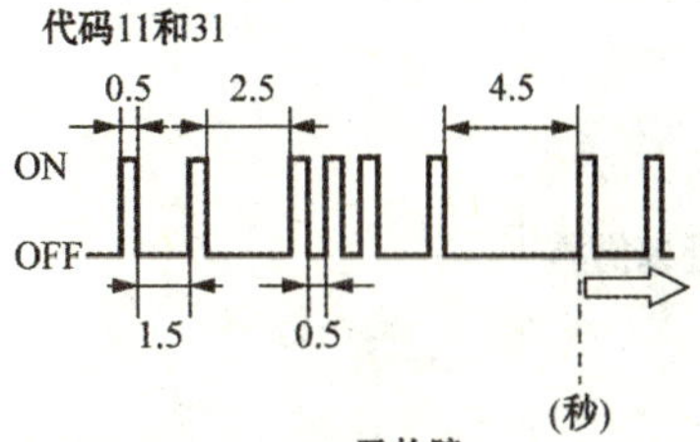 代码11和31 0.5 2.5 4.5 ON OFF 1.5 0.5 (秒) 无故障	

笔记

检查步骤	检修项目	操作要领	示意图（或步骤）	检修记录
检查故障码	清除故障码	1. 点火开关 OFF，拆下 1 号接线盒中的 ECU-B 保险丝 10s 以上 2. 或点火开关 OFF，跨接高度控制连接器的端子 9 与端子 8 10s 以上	 ECU-B保险丝　1号J/B 高度控制连接器　　检查连接器	
检测	转向传感器检测	随着方向盘的转动在电脑 28 或 29 脚能测到 0V 或 5V 电压，失效后防侧倾控制功能失效；测不到：避光盘变形或弄脏、光电耦合器损坏或传感器电路短路断路		
	车身高度传感器检测			
检修结论与处理措施				

笔记

五、检验评估

任务 4.3 的检验评估如表 4-3-6 所示。

表 4-3-6 检验评估

检验与评价内容	检 验 指 标	权重	自评	互评	总评
维修质量检验	电控悬架系检修完毕后,以保证电控悬架系有良好的工作性能。进行就车试验要求正常	4			
检查任务完成情况	1. 能描述汽车电控悬架系统主要部件的作用与原理 2. 在小组所扮演的角色,对完成任务过程中所起的作用	3			
职业素养	1. 学习态度:积极主动参与学习 2. 团队合作:与小组成员一起分工合作,不影响学习进度 3. 现场管理:服从工位安排、执行实训室"5S"管理规定	3			
综合评议与建议					

习题

1. 下列现象不属于轮胎异常磨损的是( )。

A. 胎冠中部磨损   B. 胎冠外侧或内侧单边磨损

C. 胎冠由外侧向里侧呈锯齿状磨损   D. 轮胎爆胎

2. ( )是造成在用车轮胎早期耗损的主要原因。

A. 前轮定位不正确   B. 前梁或车架弯扭变形

C. 轮毂轴承松旷或转向节与主销松旷 D. 气压不足

3. 下列不属于前轮摆振故障产生的原因是( )。

A. 前钢板弹簧 U 形螺栓松动或钢板销与衬套配合松动

B. 后轮动不平衡

C. 前轮轴承间隙过大,轮毂轴承磨损松旷

D. 直拉杆臂与转向节臂的连接松旷

4. 排除前轮摆振故障的第一步应该( )。

A. 查看前轮是否装用翻新轮胎   B. 前桥与转向系各连接部位是否松旷

C. 轻轻地左右转动方向盘   D. 查转向器在车架上的固定情况

5. 下列现象不属于轮胎异常磨损的是( )。

A. 轮胎胎面磨损不均匀   B. 胎冠两肩磨损

C. 胎壁擦伤   D. 轮胎气压偏低

6. 下列属于前轮摆振现象的是( )。

A. 轮胎胎面磨损不均匀,胎冠两肩磨损,胎壁擦伤

B. 胎冠中部磨损,胎冠外侧或内侧单边磨损

C. 胎冠由外侧向里侧呈锯齿状磨损,胎冠呈波浪状磨损,胎冠呈碟边状磨损

D. 汽车行驶时,有时出现两前轮各自围绕主销进行角振动的现象

7. 为保持轮胎缓和路面冲击的能力,给轮胎的充气标准可(　　)最高气压。

A. 等于 　　　　　B. 略高于 　　　　　C. 略低于 　　　　　D. 高于

8. 诊断前轮摆振的程序第二步应该检查(　　)。

A. 前桥与转向系各连接部位是否松旷 　　　　　B. 前轮是否装用翻新轮胎

C. 前钢板弹簧 U 形螺栓 　　　　　D. 前轮的径向跳动量和端面跳动量

9. 子午线轮胎侧偏刚度比普通斜交胎(　　)。

A. 小 　　　　　B. 大 　　　　　C. 一样 　　　　　D. 不能确定

10. 汽车具有(　　)才能保证安全行驶。

A. 不足转向特性 　　　B. 中性转向特性 　　　C. 过多转向特性 　　　D. 激转特性

11. 汽车车身固有频率低于(　　)次/min 时,会使人有晕船感觉。

A. 40 　　　　　B. 50 　　　　　C. 60 　　　　　D. 70

12. 越野车要爬很大的坡角道,要求最大动力因数(　　)。

A. 较小 　　　　　B. 较大 　　　　　C. 适中 　　　　　D. 比轿车小

13. 汽车转向节臂变形会造成(　　)。

A. 转向沉重 　　　　　B. 前轮摆头 　　　　　C. 行驶跑偏 　　　　　D. 制动跑偏

习题答案

1. D　2. D　3. B　4. A　5. D　6. D　　7. C　8. A　9. B　10. A　11. A　12. B　13. C

参 考 文 献

[1] 丰田汽车维修手册.
[2] 陈家瑞. 汽车构造[M]. 北京：人民交通出版社. 2009.
[3] 东风标志维修手册.
[4] 上海大众维修手册.